1+X 职业技能鉴定考核指导手册

网络编辑员

三级

编审委员会

主　　任　仇朝东

委　　员　葛恒双　顾卫东　宋志宏　杨武星　孙兴旺

　　　　　刘汉成　张　伟

执行委员　孙兴旺　张鸿樑　李　晔　瞿伟洁　李克非

中国劳动社会保障出版社

图书在版编目(CIP)数据

网络编辑员：三级/上海市职业培训研究发展中心组织编写．—北京：中国劳动社会保障出版社，2009

1+X职业技能鉴定考核指导手册

ISBN 978-7-5045-8007-8

Ⅰ．网…　Ⅱ．上…　Ⅲ．因特网-新闻编辑-职业技能鉴定-自学参考资料　Ⅳ．G210.7　G213

中国版本图书馆CIP数据核字(2009)第130211号

中国劳动社会保障出版社出版发行

(北京市惠新东街1号　邮政编码：100029)

出 版 人：张梦欣

*

新华书店经销

北京地质印刷厂印刷　三河市华东印刷装订厂装订

787毫米×960毫米　16开本　10印张　162千字

2009年8月第1版　2009年8月第1次印刷

定价：17.00元

读者服务部电话：010－64929211

发行部电话：010－64927085

出版社网址：http：//www.class.com.cn

前言

职业资格证书制度的推行，对广大劳动者系统地学习相关职业的知识和技能，提高就业能力、工作能力和职业转换能力有着重要的作用和意义，也为企业合理用工以及劳动者自主择业提供了依据。

随着我国科技进步、产业结构调整以及市场经济的不断发展，特别是加入世界贸易组织以后，各种新兴职业不断涌现，传统职业的知识和技术也愈来愈多地融进当代新知识、新技术、新工艺的内容。为适应新形势的发展，优化劳动力素质，上海市人力资源和社会保障局在提升职业标准、完善技能鉴定方面做了积极的探索和尝试，推出了1＋X培训鉴定模式。1＋X中的1代表国家职业标准，X是为适应上海市经济发展的需要，对职业标准进行的提升，包括了对职业的部分知识和技能要求进行的扩充和更新。上海市1＋X的培训鉴定模式，得到了国家人力资源和社会保障部的肯定。

为配合上海市开展的1＋X培训与鉴定考核的需要，使广大职业培训鉴定领域专家以及参加职业培训鉴定的考生对考核内容和具体考核要求有一个全面的了解，人力资源和社会保障部教材办公室、中国就业培训技术指导中心上海分中心、上海市职业培训研究发展中心联合组织有关方面的专家、技术人员共同编写了《1＋X职业技能鉴定考核指导手册》。该手册由“理论知识复习题”“操作技能复习题”和“理论知识模拟试卷及操作技能模拟试卷”三大块内容组成，书中介绍了题库的命题依据、试卷结构和题型题量，同时从上海市1+X鉴定题库中抽取部分理论知识题、操作技能试题和模拟样卷供考生参考和练习，便于考生能够有针对性地进行考前复习准备。今后我们会随着国家职业标准以及鉴定题库的提升，逐步对手册内容进行补充和完善。

本系列手册在编写过程中，得到了有关专家和技术人员的大力支持，在此一并表示感谢。

由于时间仓促，缺乏经验，如有不足之处，恳请各使用单位和个人提出宝贵意见和建议。

1+X职业技能鉴定考核指导手册
编审委员会

目　　录

CONTENTS　1+X 职业技能鉴定考核指导手册

网络编辑员职业简介

一、职业名称

网络编辑员。

二、职业定义

网络编辑员是指利用相关专业知识及计算机和网络等现代信息技术，从事互联网站内容建设的人员。

三、主要工作内容

从事互联网站的内容策划、内容编辑、内容制作、内容管理、编辑团队管理等，主要可包括：(1) 素材采集、分析、整理；(2) 内容编辑（包括信息筛选、内容加工、内容原创）；(3) 组织互动（受众调查、论坛管理等）；(4) 网页实现（网页内容编辑、原创素材独立制作和栏目编辑等）；(5) 栏目策划；(6) 专题制作；(7) 内容编辑与管理；(8) 频道或网站内容策划、内容管理等。

第1部分

网络编辑员（三级）鉴定方案

一、鉴定方式

网络编辑员（三级）的鉴定方式分为理论知识考试和操作技能考核。理论知识考试采用闭卷计算机机考方式，操作技能考核采用现场上机操作方式。理论知识考试和操作技能考核均实行百分制，成绩皆达 60 分及以上者为合格。理论知识或操作技能不及格者可按规定分别补考。

二、理论知识考试方案（考试时间 90 min）

项目 题型	考试方式	鉴定题量	分值（分/题）	配分（分）
判断题	闭卷机考	40	0.5	20
单项选择题		120	0.5	60
多项选择题		20	1	20
小计	—	180	—	100

三、操作技能考核方案

考核项目表

职业（工种）名称	网络编辑员			等级	三级			
职业代码								
序号	项目名称	单元编号	单元内容	考核方式	选考方法	考核时间（min）	配分（分）	
1	内容编辑	1	信息筛选	操作	必考	15	10	
		2	内容加工	操作	必考	30	25	
		3	内容原创	操作	必考	20	15	
2	组织互动	1	受众调查	操作	必考	5	5	
		2	论坛及博客、播客管理	操作	必考	20	10	
3	网页实现	1	网页制作及内容发布	操作	必考	30	35	
合计						120	100	
备注								

第2部分

鉴定要素细目表

职业（工种）名称					网络编辑员	等级	三级
职业代码							
序号	鉴定点代码				鉴定点内容		备注
	章	节	目	点			
	1				职业道德与职业守则		
	1	1			职业道德		
	1	1	1		职业道德		
1	1	1	1	1	职业道德		
	1	2			职业守则		
	1	2	1		职业守则		
2	1	2	1	1	职业守则		
	2				网络编辑基础知识		
	2	1			我国新闻传播法制的基本原则与主要内容		
	2	1	1		我国现行法律制度概说		
3	2	1	1	1	我国现行法律制度及其主要内容		
4	2	1	1	2	宪政制度		
5	2	1	1	3	立法制度		
6	2	1	1	4	司法制度		
	2	1	2		我国新闻传播法制的基本原则		
7	2	1	2	1	新闻传播法制的一般概念		
8	2	1	2	2	新闻传播法制的基本原则		

续表

职业（工种）名称					网络编辑员	等级	三级
职业代码							
序号	鉴定点代码				鉴定点内容	备注	
	章	节	目	点			
9	2	1	2	3	我国新闻传播法制的基本原则		
	2	1	3		我国新闻传播法制的主要内容		
10	2	1	3	1	新闻法制的主要内容		
11	2	1	3	2	我国新闻传播法制主要内容概说		
12	2	1	3	3	我国新闻传播法制的特色		
	2	2			网络传播法规与道德基础知识		
	2	2	1		网络新闻传播失实、侵权、泄密、误导、失当等行为的案例分析		
13	2	2	1	1	网络新闻编辑的基本定位		
14	2	2	1	2	网络新闻编辑的基本素质		
15	2	2	1	3	网络新闻传播失实问题的案例分析		
16	2	2	1	4	网络新闻传播侵权问题的案例分析		
17	2	2	1	5	网络新闻传播泄密问题的案例分析		
18	2	2	1	6	网络新闻传播误导问题的案例分析		
19	2	2	1	7	网络新闻传播失当问题的案例分析		
	2	3			网上舆情信息工作基本知识		
	2	3	1		网上舆情的基本特点以及与社会舆情的关系		
20	2	3	1	1	网络舆论的定义		
21	2	3	1	2	网络舆论的特性		
22	2	3	1	3	网络舆论的形成机制		
23	2	3	1	4	网络舆论形成的基础		
24	2	3	1	5	网络舆论形成的过程		
25	2	3	1	6	网上舆情的基本特点		
26	2	3	1	7	网上舆情的局限性		
27	2	3	1	8	影响网上舆情的主要因素		
28	2	3	1	9	网上舆情与社会舆情的联系		

续表

职业（工种）名称					网络编辑员	等级	三级
职业代码							
序号	鉴定点代码				鉴定点内容		备注
	章	节	目	点			
29	2	3	1	10	网上舆情与社会舆情的差异		
	2	3	2		网上舆情信息工作的方针原则和基本要求		
30	2	3	2	1	舆情信息工作的方针原则		
31	2	3	2	2	舆情信息工作的基本要求		
	2	3	3		网上热点舆情的典型案例		
32	2	3	3	1	网上舆情收集报送的重点内容		
33	2	3	3	2	网上热点舆情的典型案例		
	2	3	4		网上舆情信息的编写和报送		
34	2	3	4	1	舆情信息加工的四个环节		
35	2	3	4	2	舆情信息报告的结构要素		
36	2	3	4	3	舆情信息报告的撰写要求		
37	2	3	4	4	舆情信息报告的类型		
38	2	3	4	5	舆情信息报告的报送方式		
39	2	3	4	6	舆情信息报告的报送流程		
40	2	3	4	7	舆情信息报告的报送对象		
	2	4			计算机与网络应用知识		
	2	4	1		计算机的主要应用范围及信息处理的基本知识		
41	2	4	1	1	计算机的主要应用范围		
42	2	4	1	2	计算机信息处理的一般原理		
43	2	4	1	3	汉字信息处理的一般原理		
44	2	4	1	4	多媒体信息处理的一般原理		
	2	4	2		计算机软件基本知识		
45	2	4	2	1	操作系统的功能		
46	2	4	2	2	Windows XP 操作系统中程序的启动		
47	2	4	2	3	Windows XP 操作系统中的文件管理		
48	2	4	2	4	Windows XP 操作系统中的外部设备管理		

续表

职业（工种）名称					网络编辑员	等级	三级
职业代码							
序号	鉴定点代码				鉴定点内容	备注	
	章	节	目	点			
49	2	4	2	5	Windows XP操作系统中的用户工作环境设置		
50	2	4	2	6	与网络编辑工作相关的常见应用软件		
51	2	4	2	7	计算机中毒的主要症状		
52	2	4	2	8	计算机病毒的传播途径		
	2	4	3		互联网基础知识		
53	2	4	3	1	计算机网络的种类		
54	2	4	3	2	互联网的基本服务		
55	2	4	3	3	互联网应用中的常用概念		
56	2	4	3	4	互联网的新兴应用		
	2	5			编辑基本知识		
	2	5	1		现代汉语基本知识		
57	2	5	1	1	汉语用字的基本规范		
58	2	5	1	2	常见的汉语语法错误		
59	2	5	1	3	标点符号使用规范		
60	2	5	1	4	特定场合语言文字规范		
	2	5	2		单位与数字使用基本知识		
61	2	5	2	1	单位及其名称、符号的使用规则		
62	2	5	2	2	数字的规范使用		
	2	5	3		稿件编辑与校对基本知识		
63	2	5	3	1	稿件编辑基本知识		
64	2	5	3	2	稿件校对基本知识		
	2	6			相关法律法规常识		
	2	6	1		劳动法及其适用范围		
65	2	6	1	1	促进劳动就业和劳动就业的原则		
66	2	6	1	2	劳动合同		
67	2	6	1	3	集体合同		

续表

职业（工种）名称					网络编辑员	等级	三级
职业代码							
序号	鉴定点代码				鉴定点内容		备注
	章	节	目	点			
68	2	6	1	4	工作时间和休息休假的相关规定		
69	2	6	1	5	工资分配原则与基本工资制度		
70	2	6	1	6	劳动安全卫生制度		
71	2	6	1	7	特殊保护的概念和内容		
72	2	6	1	8	职业培训		
73	2	6	1	9	社会保险和福利制度		
74	2	6	1	10	劳动争议处理制度		
	2	6	2		知识产权保护相关法律法规常识		
75	2	6	2	1	著作权及与其相邻的权利		
76	2	6	2	2	著作权的内容		
77	2	6	2	3	著作权的主体与客体		
78	2	6	2	4	著作权的取得、期限和许可使用		
79	2	6	2	5	著作权的限制		
80	2	6	2	6	侵犯著作权须承担的法律责任		
	2	6	3		互联网管理相关法律法规常识		
81	2	6	3	1	全国人大常委会关于维护互联网安全的决定		
82	2	6	3	2	互联网信息服务管理办法		
83	2	6	3	3	互联网新闻信息服务管理规定		
84	2	6	3	4	互联网电子公告服务管理规定		
85	2	6	3	5	计算机信息网络国际联网管理暂行规定		
86	2	6	3	6	中国互联网行业自律公约		
	3				内容编辑		
	3	1			信息筛选		
	3	1	1		稿件价值的基本判断		
87	3	1	1	1	依据国家有关法律法规判断稿件价值		
88	3	1	1	2	依据网民信息需求判断稿件价值		

续表

职业（工种）名称					网络编辑员	等级	三级
职业代码							
序号	鉴定点代码				鉴定点内容	备注	
	章	节	目	点			
89	3	1	1	3	不同稿件来源的价值判断		
90	3	1	1	4	稿件信息真实性的判断方法		
91	3	1	1	5	稿件信息权威性的判断方法		
92	3	1	1	6	稿件信息时效性的判断方法		
93	3	1	1	7	稿件信息趣味性的判断方法		
94	3	1	1	8	稿件信息实用性的判断方法		
95	3	1	1	9	判断稿件发表水平		
96	3	1	1	10	稿件发表的时宜性		
	3	1	2		稿件归类		
97	3	1	2	1	网站内容构成的基本方式		
98	3	1	2	2	以内容的性质为指标对网站频道或栏目进行分类		
99	3	1	2	3	以地域为指标对网站频道或栏目进行分类		
100	3	1	2	4	以信息的形式为指标对网站频道或栏目进行分类		
101	3	1	2	5	以文字稿件的体裁为指标对网站频道或栏目进行分类		
102	3	1	2	6	以稿件的来源为指标对网站频道或栏目进行分类		
103	3	1	2	7	以稿件的时效性为指标对网站频道或栏目进行分类		
104	3	1	2	8	以稿件的重要程度为指标对网站频道或栏目进行分类		
105	3	1	2	9	确定稿件关键词的方法		
106	3	1	2	10	稿件归类主要方法		
107	3	1	2	11	稿件归类中的协同工作		
108	3	1	2	12	稿件归类在操作中的具体实现		
	3	1	3		互动信息管理		
109	3	1	3	1	互动的含义		
110	3	1	3	2	互动的意义		
111	3	1	3	3	启动式互动方式		
112	3	1	3	4	增值式互动方式		

续表

职业（工种）名称					网络编辑员	等级	三级
职业代码							
序号	鉴定点代码				鉴定点内容		备注
	章	节	目	点			
113	3	1	3	5	参与式互动方式		
114	3	1	3	6	提升式互动方式		
115	3	1	3	7	资源式互动方式		
116	3	1	3	8	网民邮件的处理		
117	3	1	3	9	网民 BBS 文章的利用		
118	3	1	3	10	对嘉宾与网友聊天原始素材进行文字编辑		
119	3	1	3	11	对嘉宾与网友聊天信息内容进行审核		
120	3	1	3	12	对嘉宾与网友聊天原始素材从不同角度进行整理		
121	3	1	3	13	对网民信息的反馈处理		
122	3	1	3	14	网络的“私人化空间”与“公共化空间”信息的区分		
	3	2			内容加工		
	3	2	1		稿件修改		
123	3	2	1	1	稿件中辞章性错误的判断		
124	3	2	1	2	稿件中知识性错误的判断		
125	3	2	1	3	稿件中事实性错误的判断		
126	3	2	1	4	稿件中观点性错误的判断		
127	3	2	1	5	稿件的绝对性修改和相对性修改		
128	3	2	1	6	稿件修改的具体手段		
129	3	2	1	7	稿件的改正涉及的主要方面		
130	3	2	1	8	稿件的增补涉及的主要方面		
131	3	2	1	9	稿件的改写涉及的主要方面		
132	3	2	1	10	稿件修改时尊重原作的风格		
133	3	2	1	11	稿件错误的时候更正		
	3	2	2		标题及内容提要制作		
134	3	2	2	1	新闻标题的重要作用		
135	3	2	2	2	消息标题制作的基本要求		

续表

职业（工种）名称					网络编辑员	等级	三级
职业代码							
序号	鉴定点代码				鉴定点内容		备注
	章	节	目	点			
136	3	2	2	3	实题与虚题		
137	3	2	2	4	消息标题的结构		
138	3	2	2	5	网络稿件标题制作的特殊性		
139	3	2	2	6	内容提要的定义		
140	3	2	2	7	内容提要运用的主要场合		
141	3	2	2	8	内容提要在网络传播中的作用		
142	3	2	2	9	决定标题内容的原则		
143	3	2	2	10	优化标题的形式		
144	3	2	2	11	内容提要制作思路		
145	3	2	2	12	网络稿件标题的特点		
146	3	2	2	13	标题与内容提要之间的关系		
	3	2	3		超链接的设置		
147	3	2	3	1	超链接的概念		
148	3	2	3	2	超链接的意义		
149	3	2	3	3	超链接的运用方式		
150	3	2	3	4	在文章中对关键词设置超链接		
151	3	2	3	5	利用超链接设置延伸性阅读		
152	3	2	3	6	利用超链接改写文章		
153	3	2	3	7	超链接设置的注意事项		
	3	3			内容原创		
	3	3	1		新闻采访基本知识		
154	3	3	1	1	新闻的定义		
155	3	3	1	2	新闻特殊性的主要表现		
156	3	3	1	3	新闻时新性		
157	3	3	1	4	新闻重要性		
158	3	3	1	5	新闻显著性		

续表

职业（工种）名称					网络编辑员	等级	三级
职业代码							
序号	鉴定点代码				鉴定点内容		备注
	章	节	目	点			
159	3	3	1	6	新闻趣味性		
160	3	3	1	7	新闻接近性		
161	3	3	1	8	新闻敏感		
162	3	3	1	9	新闻角度的定义与意义		
163	3	3	1	10	选择新闻角度的思路		
164	3	3	1	11	新闻采访的定义与常见的方式		
165	3	3	1	12	显性采访与隐性采访		
166	3	3	1	13	进行隐形采访时的注意事项		
167	3	3	1	14	面对面采访的特点		
168	3	3	1	15	面对面采访前的准备		
169	3	3	1	16	面对面采访中访问提纲的准备		
170	3	3	1	17	面对面采访中的提问		
171	3	3	1	18	面对面采访中的其他信息		
172	3	3	1	19	目击采访的定义与主要任务		
173	3	3	1	20	目击采访的要点		
174	3	3	1	21	电话采访的主要作用与特点		
175	3	3	1	22	电话采访的一般程序		
176	3	3	1	23	电子邮件采访的特点		
177	3	3	1	24	电子邮件采访的适用场合		
178	3	3	1	25	采访邮件的撰写		
179	3	3	1	26	聊天室或 BBS 采访方式与适用场合		
180	3	3	1	27	聊天室或 BBS 采访提问的技巧		
181	3	3	1	28	体验式采访的优点		
182	3	3	1	29	体验式采访的选题		
183	3	3	1	30	体验式采访的注意事项		
184	3	3	1	31	新闻采访注意事项		

续表

职业（工种）名称					网络编辑员	等级	三级
职业代码							
序号	鉴定点代码				鉴定点内容		备注
	章	节	目	点			
	3	3	2		新闻写作基本知识		
185	3	3	2	1	消息类新闻体裁的特点		
186	3	3	2	2	通讯类新闻体裁的特点		
187	3	3	2	3	特写类新闻体裁的特点		
188	3	3	2	4	评论类新闻体裁的特点		
189	3	3	2	5	新闻语言的基本要求		
190	3	3	2	6	网络稿件的易读性		
191	3	3	2	7	网络稿件写作应注意的原则		
192	3	3	2	8	消息写作的基本模式		
193	3	3	2	9	消息导语的基本要求和写作的一般准则		
194	3	3	2	10	消息导语写作的常用方式		
195	3	3	2	11	消息主体的作用的主要表现		
196	3	3	2	12	消息主体常见的结构形式		
197	3	3	2	13	消息中背景作用的主要表现		
198	3	3	2	14	消息中背景常见的运用方式		
199	3	3	2	15	新闻写作基本规律在稿件修改中的运用		
	3	3	3		视听语言基本知识		
200	3	3	3	1	图片的特点		
201	3	3	3	2	图片的作用		
202	3	3	3	3	图表作用的表现		
203	3	3	3	4	动画、三维动画的特点		
204	3	3	3	5	动画、三维动画的作用		
205	3	3	3	6	声音的特点		
206	3	3	3	7	声音的作用		
207	3	3	3	8	视频的特点		
208	3	3	3	9	视频的作用		

续表

职业（工种）名称					网络编辑员	等级	三级
职业代码							
序号	鉴定点代码				鉴定点内容		备注
	章	节	目	点			
209	3	3	3	10	新闻摄影的基本要求		
210	3	3	3	11	新闻照片在内部形式上具有的特点		
211	3	3	3	12	广播电视新闻报道的一般要求		
212	3	3	3	13	摄影的景别选取		
213	3	3	3	14	摄影的拍摄角度与方位的选择		
214	3	3	3	15	摄影中的光线选择		
215	3	3	3	16	摄影中的画幅安排		
216	3	3	3	17	摄影构图设计		
217	3	3	3	18	运动摄像的运用规律		
218	3	3	3	19	镜头组接的基本规律		
219	3	3	3	20	镜头转场技巧		
220	3	3	3	21	镜头组接与蒙太奇		
221	3	3	3	22	音视频节目中的声音运用		
222	3	3	3	23	新闻报道中的声音运用		
223	3	3	3	24	音视频节目中声音采集与制作的质量要求		
224	3	3	3	25	视听语言应用注意事项		
	4				组织互动		
	4	1			受众调查		
	4	1	1		受众调查基本知识		
225	4	1	1	1	受众调查的意义		
226	4	1	1	2	受众调查的方式		
227	4	1	1	3	受众调查注意事项		
	4	1	2		确定调查选题和调查目标		
228	4	1	2	1	确定调查选题的方法		
229	4	1	2	2	确定调查目标的方法		
	4	1	3		调查问卷设计		

续表

职业（工种）名称					网络编辑员	等级	三级
职业代码							
序号	鉴定点代码				鉴定点内容		备注
	章	节	目	点			
230	4	1	3	1	调查方式的确定方法		
231	4	1	3	2	调查对象的确定方法		
232	4	1	3	3	调查问卷设计方法		
233	4	1	3	4	执行调查实践的基本要求		
	4	1	4		调查结果分析		
234	4	1	4	1	处理调查数据的基本要求		
235	4	1	4	2	受众调查结果常见的利用方式		
236	4	1	4	3	撰写调查分析报告的方法		
	4	2			论坛管理		
	4	2	1		论坛管理的基本要求		
237	4	2	1	1	网络互动形式		
238	4	2	1	2	网络互动管理的一般原则		
239	4	2	1	3	网络论坛的意义		
240	4	2	1	4	网络论坛的类型		
241	4	2	1	5	网络论坛的管理者		
242	4	2	1	6	网络论坛的成员		
243	4	2	1	7	网络论坛管理规则		
244	4	2	1	8	网络论坛管理机制的确定		
245	4	2	1	9	网络论坛成员的管理		
246	4	2	1	10	论坛帖子的管理		
247	4	2	1	11	论题的管理		
248	4	2	1	12	论坛活动的组织		
249	4	2	1	13	论坛管理注意事项		
	4	3			博客播客管理		
	4	3	1		博客播客管理的基本要求		
250	4	3	1	1	博客播客的概念		

续表

职业（工种）名称					网络编辑员	等级	三级
职业代码							
序号	鉴定点代码				鉴定点内容		备注
	章	节	目	点			
251	4	3	1	2	博客播客的特点		
252	4	3	1	3	博客播客管理的一般原则		
253	4	3	1	4	博客播客内容的监控		
254	4	3	1	5	博客播客内容的管理		
255	4	3	1	6	博客播客用户管理		
256	4	3	1	7	博客播客管理注意事项		
	5				网页实现		
	5	1			内容发布		
	5	1	1		使用网络信息发布系统完成内容发布的基础知识		
257	5	1	1	1	网络信息发布系统主要功能		
258	5	1	1	2	网络信息发布系统的构成		
259	5	1	1	3	网络信息发布系统中操作的一般规律		
260	5	1	1	4	网络信息发布系统中的权限		
261	5	1	1	5	网络信息发布系统的主要操作		
	5	2			网页制作		
	5	2	1		网页制作软件的相关知识		
262	5	2	1	1	网页设计制作的一般原则		
263	5	2	1	2	网页制作中常见的文件格式		
264	5	2	1	3	CGI 在网页设计制作中的应用		
265	5	2	1	4	ASP 在网页设计制作中的应用		
266	5	2	1	5	JavaScript 在网页设计制作中的应用		
267	5	2	1	6	Java Applet 在网页设计制作中的应用		
268	5	2	1	7	Photoshop 软件专用文件格式		
269	5	2	1	8	Photoshop 所处理的图片文件格式		
270	5	2	1	9	图片压缩比例和不同场合应用的相关知识及保持图片不失真的方法		

续表

职业（工种）名称					网络编辑员	等级	三级
职业代码							
序号	鉴定点代码				鉴定点内容	备注	
	章	节	目	点			
271	5	2	1	10	用 Photoshop 进行裁剪、拼合图片的方法		
272	5	2	1	11	对图片进行色彩调整的方法		
273	5	2	1	12	使用 Action 简化操作		
274	5	2	1	13	使用简单的滤镜操作		
275	5	2	1	14	制作简单的 GIF 动画		
276	5	2	1	15	Photoshop 常用工具技巧		
277	5	2	1	16	Photoshop 选择技巧		
278	5	2	1	17	Photoshop 在网页设计制作中的应用		
279	5	2	1	18	使用 Flash 制作动画		
280	5	2	1	19	动画的分类		
281	5	2	1	20	动画的文件格式		
282	5	2	1	21	不同动画文件格式的播放软件		
283	5	2	1	22	有关 Flash 的基本概念		
284	5	2	1	23	Flash 中帧的分类		
285	5	2	1	24	Flash 动画的分类		
286	5	2	1	25	在 Flash 中导入图片和声音及插入文字的方法		
287	5	2	1	26	简单动画的制作方法		
288	5	2	1	27	使用“Alpha”功能制作“淡入淡出”的效果		
289	5	2	1	28	工具面板的应用技巧		
290	5	2	1	29	图层的应用技巧		
291	5	2	1	30	动画设置技巧		
292	5	2	1	31	Flash 中的常用快捷键		
293	5	2	1	32	Flash 在网页设计制作中的应用		
294	5	2	1	33	FrontPage 编辑网页的基本方法		
295	5	2	1	34	Dreamweaver 基础		
296	5	2	1	35	Dreamweaver 编辑网页的基本方法		

续表

职业（工种）名称					网络编辑员	等级	三级
职业代码							
序号	鉴定点代码				鉴定点内容		备注
	章	节	目	点			
	5	2	2		HTML 语言基础		
297	5	2	2	1	WWW 的概念		
298	5	2	2	2	HTML 的概念		
299	5	2	2	3	DHTML 的概念		
300	5	2	2	4	常见的 HTML 标记的使用		
301	5	2	2	5	HTML 语言使用注意事项		

第3部分 理论知识复习题

网络编辑基础知识

一、判断题（将判断结果填入括号中。正确的填“√”，错误的填“×”）

1. 网络编辑职业道德可以调节网络编辑与受众的关系。（ ）

2. 遵纪守法是网络编辑职业活动应该遵循的原则之一。（ ）

3.《互联网医疗卫生信息服务管理办法》属于网络管理的法律法规和规章。（ ）

4. 狭义的司法是指国家司法机关及司法组织在办理诉讼案件和非讼案件过程中的执法活动。（ ）

5. 媒体工作者应遵循的基本职业道德是全心全意为人民服务。（ ）

6. 我国新闻法制十分重视新闻活动这种现实的“公益性”：新闻传播活动应当有益于社会和人民，应当以社会效益为最高准则。（ ）

7. 新闻传播活动的各种社会关系中有些关系不是新闻传播法可以调整的。（ ）

8. 网络编辑在处理新闻稿件时，需要具备较高的个人荣誉感，维护良好的社会形象。（ ）

9. 具有更高的道德意识和责任感是网络新闻编辑的基本素质之一。（ ）

10. 网络传播侵权行为包括名誉权、荣誉权、隐私权、知情权。（ ）

11. 坚持正确的舆论导向，最重要的一点，就是要在网络传播实践中，增强党性观念，坚持社会主义方向，严防在思想政治上出现误导现象。（ ）

12. 在信息时代，如果把舆论按传播形式进行分类的话，理应而且确实存在一种新型舆论类型——网络舆论。（ ）

13. 网络舆论的共性有：意识性、历史性、评价性、自发性、公开性和政治性。（ ）

14. 网络舆论就是在互联网上传播的公众对各种不同的焦点所表现出的有一定影响力的、带倾向性的意见或言论。（ ）

15. 网上舆情的开放性首先是空间上的多样性。（ ）

16. 网上舆情只能视作社会民意系统的一个重要组成部分。（ ）

17. 网上舆情是社会舆情的基础。（ ）

18. 社会舆情的主体是躲在一个账号、一个昵称后的虚拟主体，网上舆情的主体往往是实实在在的民众。（ ）

19. 社会热点方面的舆情信息和突发性、群体性事件方面的舆情信息是舆情信息加工的重点内容。（ ）

20. 关系国家民族利益的事件都属于网上热点舆情的典型案例。（ ）

21. 立意新颖也是舆情信息的编写要求之一。（ ）

22. 专题性舆情分析报告和非专题性舆情分析报告都属于舆情分析报告的类型。（ ）

23. 舆情信息报送的主要方式有五种。（ ）

24. 模式识别是一种计算机在模拟人的智能方面的应用。（ ）

25. 指令就是指挥计算机工作的指示和命令，程序就是一系列按一定顺序排列的指令，执行程序的过程就是计算机的工作过程。（ ）

26. 多媒体技术概括起来就是计算机交互式综合处理多种媒体信息。（ ）

27. Windows XP 启动仍然是一个很复杂的过程，修改预读取文件数能有效地达到优化系统启动的目的。（ ）

28. Windows 的设备管理器是一种管理工具，可用它来管理计算机上的设备。（ ）

29. Windows XP 操作系统的关闭计算机选项中，只有关机和重新启动两种功能。（ ）

30. Freehand 是常用的文字处理软件。（ ）

31. 城域网是最常见并且应用最广泛的一种网络。（ ）

32. 图片扫描是网络提供的最基本的服务。（　　）

33. 3G技术是互联网的最新发展的成果。（　　）

34. 词组“通宵、咀咒、零售、切磋”中的词语用字是错误的。（　　）

35. 文字报道不能用不正规的网络术语表示。（　　）

36. 单位名称的表述方式有三种：全称、半全称、简称。（　　）

37. 关于数字的用法，“5时5分2秒”是正确的。（　　）

38. 校对稿件要忠实于原稿，依据原稿逐一核对校样。（　　）

39. 在试用期内，劳动者可以随时通知用人单位解除劳动合同。（　　）

40. 年休假是每个员工都可以享有的权利。（　　）

41. 坚持与市场价位衔接的原则也是实行以岗位工资为主的基本工资制度的原则之一。（　　）

42. 劳动安全卫生检查制度也属于劳动安全卫生制度。（　　）

43. 因工伤残也可以享受社会保险待遇。（　　）

44. 在我国，劳动争议仲裁制度走过了建立、中止、恢复的历程，现在正处于发展时期。（　　）

45. 著作权要保障的是思想的表达形式，而不是保护思想本身，因为在保障著作财产权此类专属私人财产权利益的同时，尚须兼顾人类文明的累积与知识及资讯的传播，从而算法、数学方法、技术或机器的设计均不属著作权所要保障的对象。（　　）

46. 著作权的客体指享受著作权权利和承担著作权义务的人。（　　）

47. 著作权人发现侵权信息，向网络服务提供者提出警告或者索要侵权行为人网络注册资料时，不能出示身份证明、著作权权属证明及侵权情况证明的，视为未提出警告或者未提出索要请求。（　　）

48. 未取得许可或者未履行备案手续的，不得从事互联网信息服务。（　　）

49. 经营性互联网信息服务，是指通过互联网向上网用户无偿提供具有公开性、共享性信息的服务活动。（　　）

50. 任何人不得在电子公告服务系统中发布反对宪法所确定的基本原则的内容。（　　）

51. 互联网行业自律的基本原则是爱国、守法、公平、诚信。（　　）

二、单项选择题（选择一个正确的答案，将相应的字母填入题内的括号中）

1. 在网络文化建设和管理中必须增强网络文化建设工作者的（　　）与职业道德。

A. 法律意识　　B. 职业操守　　C. 服务宗旨　　D. 编辑职能

2. 网络编辑的（　　）是一种职业规范，受社会普遍的认可。

A. 职业道德　　B. 职业意识　　C. 职业原则　　D. 职业态度

3. 在（　　）、建设社会主义法治国家的历史背景下剖析我国法律制度的瑕疵，以期予以完善已是大势所趋。

A. 依法治国　　B. 依法建国　　C. 依法立国　　D. 依法治政

4. 在（　　），建设社会主义法治国家的历史背景下剖析我国法律制度的瑕疵，以期予以完善已是大势所趋。

A. 有法可依　　B. 有法必依　　C. 依法治国　　D. 执法必严

5. 中国的立法不包括（　　）。

A. 国务院及其部门立法　　B. 全国人大及其常委会立法

C. 民族自治地方立法　　D. 台湾地方立法

6. （　　）是指司法机关及其他司法性组织的性质、任务、组织体系、组织与活动的原则以及工作制度等方面规范的总称。

A. 司法制度　　B. 宪法制度　　C. 民法制度　　D. 刑法制度

7. 关于新闻自由，最低程度的新闻自由不包括（　　）。

A. 设立新闻媒体事业的权利　　B. 搜集资讯的权利

C. 不揭露资讯来源的权利　　D. 舆论权利

8. （　　）对国家秘密的范围、保密制度和泄密的法律责任作了完整规定，新闻报道泄露国家机密要受到法律制裁。

A. 《保密法》　　B. 《传播法》　　C. 《新闻法》　　D. 《刑法》

9. 下列选项中，不属于新闻法制的法律渊源的是（　　）。

A. 宪法　　B. 主要法律　　C. 其他法律　　D. 新闻法

10. 新闻法制的基本原则不包括（　　）。

A. 宪法原则　　B. 经济效益第一原则

C. 言论、出版自由　　D. 社会效益第一原则

11. 在我国，对新闻传播活动起着规范作用的，下列选项中不包括（　　）。

A. 法制　　B. 宪法　　C. 党的政策　　D. 新闻职业道德

12. 下列选项中，不属于新闻法制的主要内容的是（　　）。

A. 新闻法制与司法公正　　B. 新闻传播与公民权利

C. 新闻事业管理　　D. 个人隐私和著作权

13. （　　）就是行为规范。

A. 新闻　　B. 新闻传播　　C. 法　　D. 网络传播

14. 具有更高的道德意识和（　　）是网络新闻编辑的基本素质。

A. 自豪感　　B. 荣誉感　　C. 责任感　　D. 成就感

15. 网络新闻传播失实的主要原因不包括（　　）。

A. 过分追求速度和时效，但不忽视信息的真实性

B. 信息海量，没有办法一一核实

C. 明知信息的不真实性，而故意为之

D. 哗众取宠，随波逐流，为了追求轰动效应而歪曲事实

16. 对于网络传播侵犯人格权的行为，侵权者一般主要承担（　　）。

A. 民事责任　　B. 刑事责任　　C. 行政责任　　D. 赔偿责任

17. 处理网络传播侵犯著作权行为的基本准则是（　　）。

A. 无过错责任　　B. 过错责任　　C. 严格责任　　D. 混合过错责任

18. 通过网络报道昆虫是美食，鼓励大家多吃昆虫，这属于（　　）。

A. 明显与事实不符，属于网络传播失实问题

B. 内容符合科学原理，属于正常情况

C. 过度宣扬，会造成生态的破坏，属于网络传播误导问题

D. 违反动植物保护相关法律，属于网络传播违法问题

19. 以下选项中，属于网络传播失当问题的包括（　　）。

A. 通过网络宣传性自由，传播淫秽、色情内容

B. 通过网络宣传中国武术、中国气功等

C. 通过网络宣传吸烟有害健康，鼓励禁烟

D. 通过网络宣传佛教、道教、基督教等

20. 以下选项中，（　　）不属于网络传播失当问题。

A. 通过网络传播报导血腥凶杀、暴力场面

B. 通过网络宣扬民族优越论，贬低少数民族

C. 建立网站集中宣传看相、算命、看风水、占卜

D. 通过网络传播宣扬传统四书五经、中医中药理论

21.（　　）是指在一定的社会空间内，围绕中介性社会事项的发生、发展和变化，作为主体的民众对作为客体的国家管理者产生和持有的社会政治态度。

A. 狭义的舆情　　B. 广义的舆情　　C. 社会舆情　　D. 网络舆情

22. 下列选项中，不属于网上舆情的内容是（　　）。

A. 网民所持的情绪　　B. 网民所持的看法

C. 网民所持的意见　　D. 网民所持的穿着

23. 下列选项中，（　　）不是通过传播媒介而形成巨大作用的。

A. 舆论的形成　　B. 舆论的反映　　C. 舆论的引导　　D. 舆论的结果

24. 下列选项中，不属于网上论坛具有的特点的是（　　）。

A. 新闻集散地　　B. 信息集散地　　C. 民情集散地　　D. 民声集散地

25. 网上舆情只能视作（　　）的一个重要组成部分。

A. 社会民意　　B. 社会形势　　C. 社会政治　　D. 社会现象

26. 网上舆情是（　　）的一种反映，无论其作用积极与否，网上舆情的形成都有现实依据。

A. 社会形势　　B. 社会现象　　C. 社会民意　　D. 社会现实

27. 网上舆情与（　　）的联系，包括社会舆情和网上舆情具有共同的社会基础、网上舆情是社会舆情的重要体现、网上舆情与社会舆情相互影响等。

A. 社会民意　　B. 社会现象　　C. 社会现实　　D. 社会舆情

28. 以邓小平理论和“三个代表”重要思想为指导是舆情信息工作的（　　）之一。

A. 主要路线　　B. 理论基础　　C. 思想纲领　　D. 方针原则

29. 舆情（　　）的基本要求包括真实准确、及时快捷、合理合法、全面客观、鲜活生动。

A. 编辑工作　　B. 整理工作　　C. 收集工作　　D. 信息工作

30. 下列选项中，不属于舆情信息收集报送的重点内容的是（　　）。

A. 重大决策部署方面的舆情信息

B. 社会热点方面的舆情信息

C. 突发性、群体性事件方面的舆情信息

D. 娱乐新闻方面的舆情信息

31. 舆情信息（　　）的重点内容包括重大决策部署方面的舆情信息，社会热点方面的舆情信息，突发性、群体性事件方面的舆情信息，社会思潮方面的舆情信息等。

A. 收集整理　　B. 整理审核　　C. 审核报送　　D. 收集报送

32. 鉴别信息主要包括两方面含义，一是对信息进行去伪存真的判别，二是（　　）。

A. 对信息的来源进行判断　　B. 对信息的性质进行判断

C. 对信息的影响力进行判断　　D. 对信息的时效性进行判断

33. 舆情信息的编写要求的结构要素有：标题、导语、主体、（　　）和结尾。

A. 序言　　B. 背景　　C. 后续　　D. 注释

34. 不属于舆情信息的编写要求的结构要素的是（　　）。

A. 封面　　B. 标题　　C. 导语　　D. 主体

35. 舆情信息的撰写要求中包括（　　）。

A. 奇怪的思路　　B. 复杂的主题　　C. 合理的结构　　D. 随意的文笔

36. 属于舆情分析报告的类型的是（　　）。

A. 单一性舆情分析报告　　B. 综合性舆情分析报告

C. 普遍性舆情分析报告　　D. 非专题性舆情分析报告

37. 舆情信息报告的（　　）包括书面材料、电子文本、口头报告等几种形式。

A. 表现形式　　B. 表达方式　　C. 传递形式　　D. 报送方式

38. 舆情信息报告的（　　）包括审批、保密等。

A. 报告方式　　B. 报告种类　　C. 报告手段　　D. 报送程序

39. 舆情信息报告的报送对象是上级主管部门和（　　）。

A. 下级所属部门　　B. 相应职能部门

C. 新闻管理部门　　D. 网络管理部门

40. 下列选项中，属于舆情信息报告的报送对象的是（　　）。

A. 下级所属部门　　B. 上级主管部门

C. 新闻管理部门　　D. 网络管理部门

41. 计算机指令不包括的类型是（　　）。

A. 数据处理指令　　B. 数据传送指令

C. 数据储存指令　　D. 程序控制指令

42. 在计算机汉字处理技术中，关于汉字输入的说法，错误的有（　　）。

A. 手写输入法比较直观，输入效率比较高

B. 语音识别技术是人工智能的有机组成部分

C. 键盘输入是遵循编码规则的

D. 光学字符识别输入也是汉字输入的一种

43. 在计算机的汉字信息处理系统中，处理汉字时要进行如下的代码转换：（　　）。

A. 输入码→字形码→交换码→内部码　　B. 输入码→交换码→内部码→字形码

C. 输入码→内部码→交换码→字形码　　D. 输入码→交换码→字形码→内部码

44. 下列选项中，不属于多媒体的关键特性的是（　　）。

A. 集成性　　B. 交互性　　C. 实时性　　D. 沟通性

45. 下列选项中，不属于资源管理主要内容的是（　　）。

A. 任务管理　　B. 界面管理　　C. 人机交互　　D. 学生管理

46. 使用 Windows XP 时，随着不断地增加、删除应用程序，磁盘可用空间（　　）。

A. 增加　　B. 减少

C. 先增加后减少　　D. 先减少后增加

47. Windows XP 操作系统中，下列哪种显示方式可以最直观地显示文件属性：（　　）。

A. 缩略图　　B. 图标　　C. 列表　　D. 详细信息

48. 对外部设备的输入、输出方式描述错误的是（　　）。

A. 循环测试 I/O 方式　　B. 中断处理方式

C. 间接内存存取（DMA）方式　　D. 通道方式

49. 设备管理的功能不包括（　　）。

A. 设备分配和回收　　B. 管理输入缓冲区

C. 设备驱动，实现物理 I/O 操作　　D. 网络中断处理

50. Office，Photoshop 等软件属于（　　）。

A. 管理软件　　B. 系统软件　　C. 网络软件　　D. 应用软件

51. 计算机病毒是（　　）。

A. 可以传染给计算机操作者的　　B. 人为编制的特殊程序

C. 计算机系统内部自动产生的程序　　D. 能传染的生物病毒

52. 病毒通常通过移动存储设备和（　　）等途径进行传播。

A. 显示器　　B. 计算机网络　　C. 打印机　　D. 声卡和喇叭

53. 按照连接方式的不同，可以把网络分成两大类，即（　　）。

A. 有线网络和无线网络　　B. ADSL 和有线通

C. 同轴电缆和光缆　　D. 电话线和红外线

54. 下列选项中，不属于互联网络常用服务的有（　　）。

A. Telnet　　B. FTP　　C. E-mail　　D. X.25

55.（　　）是负责分配、改写、查询域名的综合性服务系统，实现 IP 地址与域名之间的转换。

A. ASP　　B. URL　　C. DNS　　D. HTML

56.（　　）是一种超文本系统，支持面向社群的协作式写作，同时也包括一组支持这种写作的辅助工具。也就是说，这是多人协作的写作工具。

A. 博客　　B. 播客　　C. 维客　　D. 闪客

57. 下列选项中，（　　）不属于互联网的最新发展技术。

A. 网格技术　　B. IPV6 技术　　C. P2P 技术　　D. 3G 技术

58. 下列选项中的句子，没有错误的一句是（　　）。

A. 这位年过花甲的老教授坚持为学生讲课

B. 应用新技术后，生产规模和速度都得到提高

C. 互联网的普及，对传统媒体产生了显著的变化

D. 在这次比赛中，他的表现受到了评委们的关注，给予了很高的评价

59. 下列选项中，关于分号的描述，错误的是（　　）。

A. 分号可以代替逗号

B. 当分号用于分行列举的各项之间时，最后一项应用句号

C. 单句中不能用分号，并列的词语之间也不能用分号

D. 如果不是并列关系的复句，也不是多重复句，不能用分号

60. 下列选项中的术语，适合用于正规的文字报道的是（　　）。

A. 东东　　B. 大虾　　C. 版主　　D. 美眉

61. 下列选项中，关于单位名称的表示，描述错误的是（　　）。

A. 单位名称有全称和简称两种表示方法

B. 单位符号均为小写体

C. 组合单位的中文符号由每个单位的简称组合而成

D. 毫米属于国家法定计量单位

62. 下列选项中，数字的表示方法正确的是（　　）。

A. 中小学生中，戴眼镜的学生占 32～49％

B. 毛泽东的生卒年是 1893－1976

C. 小华家每个月的用水量为 9－13 立方米

D. 1931 年（昭和 6 年）9 月，爆发了“九·一八事变”，以此为转折点，日本政府对国内思想言论的管制加快了步伐，国家神道终于成为法西斯主义的国教

63. 稿件审读中所说的内容差错指的不是（　　）。

A. 观点性差错　　B. 知识性差错　　C. 文字类差错　　D. 事实性差错

64. 通过对稿件的“前后互校”发现内在矛盾的方法，称为（　　）。

A. 对校法　　B. 本校法　　C. 他校法　　D. 理校法

65. 不是采用计算机校对软件的优点的是（　　）。

A. 校对范围广，查错率高　　B. 校对速度快，功能多

C. 开放性能好　　D. 成本低廉

66. 劳动者解除合同应当提前（　　）以书面形式通知用人单位。

A. 一天　　B. 一周　　C. 十天　　D. 一个月

67. 工会与企业签订的以劳动条件、工作条件、生活条件为主要内容的合同是（　　）。

A. 集体合同　　B. 经济合同　　C. 民事合同　　D. 劳动合同

68. 集体合同又称为劳动协约、团体协约、集体协约或（　　）。

A. 全体合同　　B. 联合工作合同

C. 小组合同　　D. 总合同

69. 我国实行的是劳动者每日工作时间不超过（　　）小时，平均每周工作时间不超过（　　）小时的工时制度。

A. 8　40　　B. 8　44　　C. 10　50　　D. 8　48

70. （　　）是劳动力市场的反映，而人力资源的配置要受劳动力市场工资价位的影响。

A. 工资分配水平　　B. 工资发放水平

C. 工资使用水平　　D. 工资缩涨水平

71. 劳动安全卫生制度不包括（　　）。

A. 安全生产责任制度　　B. 安全系数控制制度

C. 劳动安全卫生教育制度　　D. 伤亡事故和职业病统计报告处理制度

72. 在（　　）中，对未成年工的保护也一直是一个为国际劳工组织关注的问题。

A. 国际劳动法　　B. 中国劳动法

C. 联合国劳动法　　D. 上海市劳动法

73. 关于职业培训，以下说法错误的是（　　）。

A. 所有劳动者，上岗前必须经过培训

B. 用人单位应当建立职业培训制度，有计划地对劳动者进行培训

C. 国家鼓励支持有条件的企业、事业组织和个人进行各种形式的职业培训

D. 国家确定职业分类，对规定的职业制定职业技能标准，实行职业资格证书制度

74. 由（　　）负责对劳动者实施职业技能考核鉴定。

A. 用人单位　　B. 人力资源和社会保障局

C. 教育局　　D. 政府批准的考核鉴定机构

75. 劳动者与用人单位发生劳动争议时，可以通过（　　）处理。

A. 公安局　　B. 检察院　　C. 法院　　D. 军事法庭

76. 根据我国的著作权取得制度，（　　）符合我国公民著作权产生的情况。

A. 随作品的发表而自动产生　　B. 随作品的创作完成而自动产生

C. 在作品上加注版权标记后自动产生　　D. 在作品以一定的物质形态固定后产生

77. 著作权，又称为（　　）。

A. 产权　　B. 版权　　C. 所有权　　D. 知识权

78. 著作人身权又称（　　）。

A. 特殊人身权利　　B. 精神权利

C. 具体化的个人权利　　D. 人身文化权利

79. 享有著作权权利和承担著作权义务的人是主体和（　　）。

A. 客体　　B. 作者　　C. 记者　　D. 主编

80. 著作财产权有时间限制，根据世界知识产权组织相关条约，该时限为创作者死后（　　）年。

A. 30　　B. 50　　C. 70　　D. 100

81. （　　）是有时间限制的，根据世界知识产权组织相关条约，该时限为创作者死后 50 年。

A. 著作发表权　　B. 著作出版权　　C. 个人财产权　　D. 著作财产权

82. 下列侵犯著作权的行为中，（　　）情况侵权人不符合“不但要承担民事责任，还可以由著作权行政管理部门予以行政处罚”。

A. 未经著作权人许可，以表演、播放、展览等方式使用作品的

B. 未经著作权人许可，以赢利为目的，复制发行其作品的

C. 未经广播电台、电视台许可，复制发行其制作的广播、电视节目的

D. 未经表演者许可，对其表演制录音录像出版的

83. 下列侵犯著作权的行为中，（　　）是不符合侵权人不但要承担民事责任，还可以由著作权行政管理部门予以行政处罚的情况的。

A. 未经著作权人许可，私自贩卖其作品的

B. 未经著作权人许可，以赢利为目的，复制发行其作品的

C. 未经广播电台、电视台许可，复制发行其制作的广播、电视节目的

D. 未经表演者许可，对其表演制录音录像出版的

84. 以下关于互联网信息服务管理办法的表述错误的是（　　）。

A. 互联网信息服务分为经营性和非经营性两类

B. 有业务发展计划及相关技术方案是从事经营性互联网信息服务的前提之一

C. 互联网信息服务提供者变更服务项目、网站网址等事项的，应当提前 30 日向原审核、发证或者备案机关办理变更服务

D. 互联网信息服务提供者和互联网接入服务提供者的记录备份应当保存 120 日

85. 通过互联网登载新闻信息、提供时政类电子公告服务和向公众发送时政类通讯信息等服务被称为（　　）。

A. 互联网新闻服务　　B. 互联网信息服务

C. 互联网新闻信息服务　　D. 互联网通讯服务

86.（　　）负责全国互联网站从事登载新闻业务的管理工作。

A. 新闻出版总署　　B. 地方政府

C. 国务院新闻办公室　　D. 地方法院

87. 电子公告服务提供者应当记录在电子公告服务系统中发布的信息内容及其发布时间、互联网地址或者域名。记录备份应当保存（　　）日，并在国家有关机关依法查询时，予以提供。

A. 30　　B. 60　　C. 90　　D. 120

88. 国家对国际联网实行的原则不是（　　）。

A. 统筹规划　　B. 统一标准　　C. 分级管理　　D. 站站合作

89. 不是互联网行业自律的基本原则的是（　　）。

A. 诚信　　B. 公平　　C. 守时　　D. 爱国

三、多项选择题（选择一个或多个正确的答案，将相应的字母填入题内的括号中）

1. 网络编辑的职业守则是（　　）。

A. 实事求是　　B. 精益求精

C. 团队精神　　D. 尽职尽责

E. 工作认真

2. 我国现行的法律制度在（　　）等方面存在着瑕疵，这些瑕疵正成为我们建设法治国家的障碍。

A. 人大监督　　B. 司法审查

C. 法律冲突　　D. 司法独立

E. 人身自由

3. 中国的立法包括（　　）。

A. 国务院及其部门立法　　B. 全国人大及其常委会立法

C. 民族自治地方立法　　D. 一般地方立法

E. 经济特区和特别行政区立法

4. 司法机关是指负责侦查、检察、审判、执行的（　　）。

A. 检察机关　　B. 审判机关

C. 监狱机关　　D. 公安机关（含国家安全机关）

E. 行政机关

5. 最低程度的新闻自由应该包括（　　）。

A. 设立新闻媒体事业的权利　　B. 搜集资讯的权利

C. 不揭露资讯来源的权利　　D. 编辑权利

E. 传播散发资讯的权利

6. 网络新闻传播失实的主要原因包括（　　）等。

A. 过分追求速度和时效，而忽视了信息的真实性

B. 信息海量，没有办法一一核实

C. 明知信息的不真实性，而故意为之

D. 偏听偏信，主观判断，为了追求轰动效应而歪曲事实

E. 哗众取宠，随波逐流，为了追求轰动效应而歪曲事实

7. 新闻法制的基本原则主要包括（　　）。

A. 宪法原则

B. 新闻媒体与政府之间的新闻管理关系

C. 社会效益第一原则

D. 经济效益第一原则

E. 言论、出版自由

8. 在我国，对新闻传播活动起着规范作用的，包括（ ）等。

A. 法律
B. 法制
C. 宪法
D. 党的政策
E. 新闻职业道德

9. 我国网络传播法制的基本原则与我国新闻传播法制的基本原则相同，源自我国《宪法》，主要有三条：（ ）。

A. 坚持党的领导和两个服务的方向的原则

B. 依法行使言论出版自由权利的原则

C. 国家发展与行政管理的原则

D. 提高综合国力的原则

E. 提高国家影响力的原则

10. 网络传播道德建设的一般手段有（ ）。

A. 树立良好形象
B. 提高传播力度
C. 加强理性与知识教育
D. 制定职业行业准则
E. 建立评议与监督机构

11. 网络传播危害国家安全和社会秩序的行为主要有（ ）等。

A. 网络侵权
B. 网络泄密
C. 网络诈骗
D. 网络煽动
E. 网络失实

12. 以下情况中属于网络传播误导的包括（ ）。

A. 宣扬吸烟有害健康，鼓励禁烟
B. 宣扬素食主义，反对吃荤
C. 宣扬婚前同居试婚
D. 宣扬自由主义，鼓吹人的绝对自由

E. 宣扬保护环境，鼓励大家爱护环境

13. 以下选项中，属于网络传播失当问题的包括（　　）。

A. 通过网络宣传性自由，传播淫秽、色情内容

B. 通过网络宣传中国武术、中国气功等

C. 通过网络宣传世界末日、地球终结等言论

D. 通过网络宣传佛教、道教、基督教等

E. 通过网络宣传吸烟有害健康，鼓励禁烟

14. 以下属于网上舆情的基本特点的是（　　）。

A. 快捷性　　B. 互动性

C. 无界性　　D. 开放性

E. 丰富性

15. 网上舆情的内容就是网民所持的（　　）等。

A. 情绪　　B. 看法

C. 意见　　D. 态度

E. 穿着

16. 在现代社会中，传播媒介对（　　）发挥着巨大的作用。

A. 舆论的形成　　B. 舆论的反映

C. 舆论的引导　　D. 舆论的结果

E. 舆论的影响

17. 与一般社会舆情相比，网上舆情具有的基本特点包括（　　）等。

A. 开放性　　B. 丰富性

C. 快捷性　　D. 互动性

E. 无界性

18. 网上舆情的局限性包括（　　）等。

A. 有限性　　B. 情绪性

C. 难控性　　D. 虚假性

E. 多样性

19. 影响网上舆情的主要因素包括（　　）。

A. 现实社会环境
B. 网络社会环境
C. 媒体信息环境
D. 网络编辑人员
E. 网站管理员

20. 网上舆情与社会舆情的差异包括（　　）等。

A. 舆情内容不同
B. 传播渠道不同
C. 舆情客体不同
D. 舆情主体不同
E. 传播效应不同

21. 舆情信息工作的基本要求包括（　　）。

A. 真实准确
B. 及时快捷
C. 合理合法
D. 全面客观
E. 鲜活生动

22. 属于网上热点舆情的典型案例的是（　　）。

A. 反映社会道德困惑的事件
B. 自然灾害等突发事件
C. 交通事故等突发事件
D. 社会上流氓团体打架斗殴事件
E. 马路上和地铁站内的偷、抢钱包事件

23. 舆情信息加工的环节包括（　　）等。

A. 鉴别与筛选
B. 分类与归纳
C. 撰写与编辑
D. 修改与报送
E. 汇编与传达

24. 舆情信息的结构要素包括（　　）等几个部分。

A. 标题
B. 导语
C. 主体
D. 背景
E. 结尾

25. 属于舆情分析报告的类型的是（　　）。

A. 专题性舆情分析报告
B. 阶段性舆情分析报告
C. 综合性舆情分析报告
D. 多样性舆情分析报告

E. 片面性舆情分析报告

26. 舆情信息报告的报送方式包括（　　）等几种形式。

A. 书面材料　　B. 电视播放

C. 电子文本　　D. 口头报告

E. 报纸新闻

27. 下列选项中，属于舆情信息报告报送程序的是（　　）等。

A. 传阅　　B. 审批

C. 修改　　D. 公开

E. 保密

28. 计算机的应用包括（　　）。

A. 科学计算　　B. 数据处理

C. 过程控制　　D. 计算机辅助系统

E. 人工智能

29. 计算机指令包括以下类型：（　　）。

A. 数据处理指令　　B. 数据传送指令

C. 数据储存指令　　D. 程序控制指令

E. 状态管理指令

30. 在计算机汉字处理技术中，关于汉字输入的说法，正确的有（　　）。

A. 手写输入法比较直观，输入效率比较高

B. 语音识别技术是人工智能的有机组成部分

C. 键盘输入是遵循编码规则的

D. 光学字符识别输入也是汉字输入的一种

E. 智能 ABC 是汉字输入的一种

31. 使用 Windows XP 时，随着不断地增加、删除应用程序，磁盘可用空间（　　）。

A. 增加　　B. 减少

C. 不变　　D. 先减少后增加

E. 先增加后减少

32. 在 Windows XP 操作系统中，以下文件需要安装相应软件后才可以通过双击运行的有：（　　）。

A. *.exe
B. *.mp3
C. *.avi
D. *.rar
E. *.txt

33. Windows XP 操作系统中，修改用户的用户变量的操作中，需要的步骤包括（　　）。

A. 打开“系统属性”对话窗口
B. 单击“高级”选项卡
C. 进入“环境变量”设置窗口
D. 对 TEMP 和 TMP 的变量值进行修改
E. 重新启动 Windows XP 系统

34. 常用的文字处理软件有（　　）等。

A. Freehand
B. 记事本
C. Word
D. Flash
E. Photoshop

35. 杀毒软件的作用包括（　　）等。

A. 实时监控
B. 清除病毒
C. 永不中毒
D. 保护显示器
E. 复制文件

36. 下面几个选项中属于 TCP/IP 的四层结构的是（　　）。

A. 应用层
B. 传输层
C. 数据链路层
D. 物理网络接口层
E. 引导层

37. 互联网络常用的服务有（　　）等。

A. Telnet
B. FTP
C. E-mail
D. WWW
E. 电子商务

38. HTML（Hyper Text Mark Language）可以通过辅助应用程序在网页中加入

（　）等多媒体信息。

A. 表格　　B. 图像

C. 音频　　D. 视频

E. 文本

39. 下列选项中，词语用字有错的是（　　）。

A. 诬告　嘉奖　港湾　片面　　B. 婉惜　帐篷　覆盖　善长

C. 导致　妥帖　装钉　赌博　　D. 通宵　咀咒　零售　切磋

E. 孪生　拢络　引申　朗诵

40. 下列选项中的词语，没有错别字的是（　　）。

A. 令人辛酸　　B. 水泄不通

C. 同仇敌忾　　D. 仔细寻问

E. 天崖海角

41. 以下关于单位名称的表示，描述正确的是（　　）。

A. 单位名称有全称和简称两种表示方法

B. 单位符号均为小写体

C. 组合单位的中文符号由每个单位的简称组合而成

D. 单位符号均为大写体

E. 单位名称不会被废弃

42. 下列关于数字和单位的用法中，正确的是（　　）。

A. 空气清净功能数第 2　　B. 17 时 5 分 5 秒

C. 505 收费站　　D. 7×7×7 m

E. 现金 2 百万元

43. 一些稿件所涉及的事实可能是不真实的甚至是完全捏造的，发现此类内容错误的有效方法包括（　　）等。

A. 分析法　　B. 调查法

C. 比较法　　D. 推理法

E. 替代法

44. 特殊就业保障的对象包括（　　）。

A. 妇女
B. 残疾人
C. 退役军人
D. 少数民族人员
E. 外国人

45. 一般认为劳动就业的基本原则包括（　　）。

A. 国家促进就业的原则
B. 照顾特殊群体就业原则
C. 平等就业和双向选择原则
D. 劳动者的相同待遇原则
E. 完全解决上岗的原则

46. 集体合同又称（　　），是企业与工会签订的以劳动条件为中心内容的书面集体协议。

A. 劳动协约
B. 集体协约
C. 团体协约
D. 联合工作合同
E. 资本主义国家的集体合同

47. 以岗位工资为主的基本工资制度的原则，包括（　　）。

A. 坚持按劳分配为主的原则
B. 坚持与市场价位衔接的原则
C. 坚持按生产分配为主的原则
D. 坚持与效益结合的原则
E. 坚持与公司利益结合的原则

48. 劳动安全卫生制度包括（　　）。

A. 伤亡事故和职业病统计报告处理制度
B. 劳动安全卫生监督制度
C. 劳动安全卫生教育制度
D. 安全技术措施计划制度
E. 安全生产责任制度

49. 关于劳动者特殊保护规定，正确的是（　　）。

A. 对于怀孕的女性，不得安排其延长工作时间和夜班劳动
B. 女职工生育享受不少于 90 天的产假
C. 对于年满 16 周岁但未满 18 周岁的未成年工，用人单位应当定期进行健康检查
D. 禁止安排女职工从事矿山井下作业
E. 禁止安排未成年人参加有毒害或是危险的工作

50. 以下情况中，（　　）享受社会保险待遇。

A. 生育　　B. 退休

C. 因工伤残　　D. 待业

E. 犯罪

51. 著作权，分为（　　）。

A. 著作人格权　　B. 著作知识权

C. 著作财产权　　D. 著作所有权

E. 著作版权

52. 享有著作权权利和承担著作权义务的人是（　　）。

A. 主体　　B. 客体

C. 作者　　D. 记者

E. 主编

53. 著作权人可以禁止或许可：（　　）。

A. 以各种形式对各种著作进行重制，例如以印刷或录音的方式重制语文著作或音乐著作

B. 将其著作公开口述、演出，例如将戏剧及表演著作或音乐著作公开演出、将语文著作公开口述等

C. 将其著作通过无线电、有线或卫星电视或因特网加以公开播送、公开传输

D. 对其视听著作公开上映，对其摄影著作、美术著作、图形著作加以公开展示

E. 将其著作翻译成其他语言的版本，或对其加以改编，例如将小说改编成影视剧本、将英文版本改译为中文版本

54. 作者甲将其创作的一部小说交乙出版社出版，但双方始终未签订出版合同，事后，该作者又与丙出版社签订了专有出版合同，将此书交丙出版。现乙对丙提出异议，本案依法应是（　　）。

A. 甲的行为属一稿多投，侵犯了乙的权利

B. 丙明知乙已出版此书，仍与甲签订出版合同，属侵权行为

C. 甲一稿多投并不违法，乙不签订出版合同有悖于著作权法的要求

D. 乙应尊重丙的专有出版权，不得再出版此书

E. 甲一稿多投并不违法，乙和丙可以共同出版

55. 为了保障互联网的运行安全，对有下列行为之一，构成犯罪的，依照刑法有关规定追究刑事责任：（　　）。

A. 侵入国家事务、国防建设、尖端科学技术领域的计算机信息系统

B. 故意制作、传播计算机病毒等破坏性程序，攻击计算机系统及通信网络，致使计算机系统及通信网络遭受损害

C. 违反国家规定，擅自中断计算机网络或者通信服务，造成计算机网络或者通信系统不能正常运行

D. 贩卖、拐卖未成年人及妇女

E. 实施家庭暴力或精神暴力

56. 以下关于互联网信息服务管理办法的表述，正确的是（　　）。

A. 互联网信息服务分为经营性和非经营性两类

B. 有业务发展计划及相关技术方案是从事经营性互联网信息服务的前提之一

C. 互联网信息服务提供者变更服务项目、网站网址等事项的，应当提前 30 日向原审核、发证或者备案机关办理变更服务

D. 互联网信息服务提供者和互联网接入服务提供者的记录备份应当保存 120 日

E. 互联网信息服务提供者和互联网接入服务提供者的记录不应该备份

57. 根据国家有关规定，关于综合性商业网站登载新闻的说法不正确的是（　　）。

A. 只能转载国内新闻媒体网站　　B. 可以自己创作并发布新闻

C. 可以转发任何商业网站的新闻　　D. 可以转发国外新闻媒体网站

E. 只能转发国外新闻媒体网站

58. 国家对国际联网实行的原则是（　　）。

A. 统筹规划　　B. 统一标准

C. 分级管理　　D. 促进发展

E. 站站合作

59. 互联网行业自律的基本原则是（　　）。

A. 爱国　　　　B. 守法

C. 公平　　　　D. 诚信

E. 守时

内容编辑

一、判断题（将判断结果填入括号中。正确的填"√"，错误的填"×"）

1. 在选用国内其他网站稿件的时候，需要注意看稿件是否源出该网站。（　）

2. 真实性的另一面就是可靠性。（　）

3. 趣味性可以表现为五种情况。（　）

4. 影响信息实用性的因素是信息的趣味性。（　）

5. 如果稿件原来的基础太差，可以不予采用。（　）

6. 网站栏目能够清楚地显示网站的整体结构。（　）

7. 一个网站所采用的信息，除了文字类外，还涉及图片、图表、动画、音频、视频等，所以有时网站的栏目分类是以地域形式为指标来进行的。（　）

8. 文字稿件的体裁都是相同的。（　）

9. 为了强调网站流行性栏目，网站会将自己网站流行的内容作为频道或栏目列出来，这是以稿件的来源为指标对网站频道或栏目进行的分类。（　）

10. 法制新闻主要是指发生在法制领域的新闻事件。（　）

11. 稿件的归类只有两种方法。（　）

12. 由于在网站的工作环境中编辑大都是处理数字化信息，所以归类的操作并不是将打印在纸上的文字稿件进行分门别类的过程。（　）

13. 传播的两端是传播者和接收者。（　）

14. 在传统媒体的传播过程中，传播的两端——传播者与接收者，其地位并不是平等的。（　）

15. 网民与新闻事件当事人或嘉宾在聊天室或 BBS 中进行讨论，可能是一次新闻的形成过程。（　）

16. 网民意见产生的方式主要是参与讨论、参与受众调查等。（　　）

17. 网民的电子邮件是网民与网站互动的主要方式之一。（　　）

18. 网民发在 BBS 中的帖子，提供新闻线索的，可为网站酌情利用。（　　）

19. 对嘉宾与网友的聊天信息进行整理的基本思路是：以聊天的原始素材为基础，确定几个主要角度或论题，围绕论题来重新整理对话记录。（　　）

20. 互动信息管理是管理员个人完成的事情。（　　）

21. 聊天室全都不是“私人化空间”。（　　）

22. 网络编辑既要善于发现错误，又要准确改正错误。（　　）

23. 稿件中知识性错误常见的表现形式包括无中生有。（　　）

24. 用正确的内容代替错误的内容，有些内容如无法替代，可以直接删除。（　　）

25. 在有些文章中，顿号与逗号的作用有时是一样的。（　　）

26. 稿件的增补涉及的主要方面包括：资料、详解、回叙等。（　　）

27. 成功的纠错，不但可以减少对网站浏览率的损害，也可以在一定程度上树立网站的声誉。（　　）

28. 新闻标题必须标出新闻事实。（　　）

29. 实题表达的内容不包括叙述事实。（　　）

30. 主题一定是实题，引题和副题可以是实题也可以是虚题。（　　）

31. 内容提要的主要作用包括：吸引读者购买、揭示稿件的精华、调节阅读节奏。（　　）

32. 内容提要介于标题和正文之间。（　　）

33. 最新进展原则，即将稿件内容中最具有新意的事实放到标题中。（　　）

34. 关于网络稿件的内容提要，“比标题简短、在正文后出现”的说法是正确的。（　　）

35. 消息标题不一定要标出新闻事实。（　　）

36. 超链接是网络信息传播中的一种特殊手段。（　　）

37. 静态超链接指的是可以通过改变 HTML 代码来实现动态变化的超链接等。（　　）

38. 在文章中对一般词语设置超链接，通常链接到的对象包括相关知识、解释说明、相

关报道、相关新闻、相关网站。（ ）

39. 有些专家认为超链接尽量不要放在文末，而是应该放在文前。（ ）

40. 新闻必须具有创造性和绩效性。（ ）

41. 新闻时新性中，事情发生的时间越近，新闻价值越高；风格越独特，新闻价值越高。（ ）

42. 一般来说，新闻的重要性是由新闻所报道的时间、地点和人物所产生的影响决定的。（ ）

43. 一个事实可能包含一种新闻价值要素，也可能包含几种新闻价值要素。（ ）

44. 新闻敏感是新闻工作者最基本也是最重要的职业能力之一。（ ）

45. 所谓新闻角度，指的是记者发现事实、挖掘事实、报道事实的着眼点和入手处。（ ）

46. 在很多情况下，一条新闻报道只要动用一种手段，就可以获得全面深入的采访结果。（ ）

47. 恋爱、婚姻和家庭生活不属于隐私范围。（ ）

48. 与采访对象建立关系也是面对面采访前的准备工作之一。（ ）

49. 面对面采访中准备访问提纲的第 2 个步骤是：研究该事物所包含矛盾的各个方面是怎样转化的。（ ）

50. 面对面采访中，问题的拟定是最主要的一种采访的手段。（ ）

51. 对于不同的采访目标可以选择不同的位置。（ ）

52. 在突发事件的采访中，面对面访问往往可以作为“先遣性”的一种采访方式。（ ）

53. 在网络采访中，只有电子邮件采访一种访问类型。（ ）

54. 邮件采访是一种以被采访者为主导的交流。（ ）

55. 在聊天室或 BBS 采访中，可以用比较有人情味的问题作为交流的开始。（ ）

56. 体验式采访与普通采访完全一致。（ ）

57. 热点是一个时期内一些人集中关心、议论的话题或热切的渴望与要求，冷点是指一些通常不被注意的事或人，是被遗忘的角落。（ ）

58. 记者一旦作出各种承诺，就应该严格遵守。（ ）

59. 消息是一种详细、生动的新闻报道体裁。（ ）

60. 与一般评论相比，新闻评论具有强烈的新闻性。（ ）

61. 新闻语言可以在很大程度上借鉴文学中的各种手法，但是新闻语言通常更平实。（ ）

62. 网络文章的主要目的是给人提供信息。（ ）

63. 导语写作的一般准则是突出全篇的中心并且刺激读者的购买欲。（ ）

64. 叙述式导语，是以画龙点睛的形式说理议论，提出观点和结论。（ ）

65. 倒金字塔结构是唯一的一种消息结构方式。（ ）

66. 消息中的语言描述可以对新闻事实进行说明、解释，使新闻更加通俗易懂。（ ）

67. 在数字成灾的现代信息社会，图表无疑可以帮助人们更好地理解各种各样的数字所提示的含义。（ ）

68. 运用 Flash 技术，图片还可以作为一种集成报道的方式。（ ）

69. 图表作为新闻素材的行为手段，可以将不同时间、不同地点的稿件进行有机的结合。（ ）

70. 动画、三维动画都是对新闻信息的一种间接传达。（ ）

71. 声音对于接收的人来说，有一种强制性。（ ）

72. 视频信息是一种结合了图片与文字两者长处的信息形式。（ ）

73. 新闻摄影的特点有真实性、再现性、直接性、及时性。（ ）

74. 所谓瞬间的黄金点，就是激情达到顶点的那一瞬间，这一瞬间往往具有强烈的感染力。（ ）

75. 水平方向的拍摄角度是指以被摄主体为中心，镜头在水平方向上的不同方位拍摄所构成的拍摄角度，一般分为正面、背面等方位。（ ）

76. 侧光光线来自被摄景物的侧后或后方。（ ）

77. 充分利用陪体也是摄影构图要遵循的原则。（ ）

78. “移”是指画面由大范围景别连续过渡到小景别的拍摄方法。（ ）

79. 联想式的蒙太奇用于叙述过去经历的事件和未来的想象。（ ）

80. 人声具有丰富的表现力，在音视频节目中常常是不可缺少的。 （ ）

81. 音乐也是新闻报道中的声音运用的一种。 （ ）

82. 在实际工作中，特别是网络内容的采集与加工中，在可能的情况下，应该将文字、图片、声音、视频等多种手段结合起来加以运用，做到扬长避短，互为补充。 （ ）

二、单项选择题（选择一个正确的答案，将相应的字母填入题内的括号中）

1. （ ）是在国家的相关政策与法规提供的框架下进行的。

A. 网络组建建设　　B. 网络内容发布

C. 网络稿件编辑　　D. 网络多媒体制作

2. 在网民信息需求调查活动中，不提供问题具体答案，由被调查对象自由填写的调查方式叫做（ ）。

A. 自由式　　B. 漫填式　　C. 开放式　　D. 封闭式

3. 网站的信息传播，最终目的是要满足（ ）。

A. 受众心理　　B. 受众调查　　C. 受众价值　　D. 受众需求

4. 网络稿件的来源是多元化的，不同来源的稿件质量可能不一样，有些来源的稿件甚至是不能在网站上发表的。因此，对稿件来源做出判断是处理稿件的基本出发点，也是判断稿件价值的一个因素。关于网络稿件的来源，下列选项中，错误的是（ ）。

A. 本网站原创稿件　　B. 转载国内传统媒体稿件

C. 转载国内其他网站稿件　　D. 任何稿件

5. 判断稿件权威性的依据不包括（ ）。

A. 是否来自国家权威部门　　B. 是否来自权威新闻机构

C. 是否来自权威学术杂志　　D. 是否来自名人编写

6. 在新媒体评论中，时效性表现为（ ）。

A. 瞬间性　　B. 一次性　　C. 即时性　　D. 绩效性

7. 上网是人们消遣或调节情绪的一个手段。这是判断网络信息价值的（ ）方面。

A. 时效性　　B. 权威性　　C. 趣味性　　D. 实用性

8. 判断稿件是否具备发表水平，可以参照的标准不包括（ ）。

A. 国家有关新闻出版的质量标准　　B. 网站的有关质量标准

C. 新闻写作的基本原则　　D. 网站编辑的喜好

9. 新闻应是时间上最新的报道，其公开发布应尽可能接近事实本身，是以稿件发表后的社会效果为中心形成的（　　）。

A. 新闻体系　B. 效果体系　C. 评价体系　D. 经济体系

10. 一个网站通常不包括的结构层次是（　　）。

A. 子栏目　B. 栏目　C. 标题　D. 频道

11. 下列选项中，不属于以内容的性质为指标对网站频道或栏目进行分类的有（　　）。

A. 时政新闻　B. 国际新闻　C. 法制新闻　D. 重要新闻

12. 为了实现网站的传播目的，网络编辑对稿件进行加工处理的一个重要工作步骤是（　　）。

A. 稿件归类　B. 稿件归总　C. 稿件分拣　D. 稿件共享

13. 一个网站所采用的信息，除了文字类外，还涉及图片、图表、动画、音频、视频等，所以有时网站的栏目分类是以（　　）形式为指标来进行的。

A. 资料　B. 信息　C. 数据　D. 程序

14. 下列选项中的内容，不属于以信息的形式为指标对网站频道或栏目进行分类的是（　　）。

A. 图片　B. 图表　C. 动画　D. 文字

15. 网络编辑对新闻稿件进行归类时，不能够按（　　）进行归类处理。

A. 关键词　B. 栏目　C. 时效性　D. 来源

16. 一些网站为了体现信息发布的时效性，会为时效性很强的内容设置专门的栏目，如“（　　）”“滚动新闻”等。

A. 国内新闻　B. 国外新闻　C. 昨日要闻　D. 最新新闻

17. “滚动新闻”是根据（　　）为指标进行归类的栏目。

A. 稿件的体裁　　B. 稿件的来源

C. 稿件的时效性　　D. 稿件的重要性

18. 以稿件的（　　）为指标对网站频道或栏目进行分类时，一些网站为了突出重要稿件，也会设置几个相关栏目，如：“要闻”。

A. 重要程度　B. 影响程度　C. 收视程度　D. 热门程度

19. 对于网络稿件而言，其关键词，通常是表明文章主题的那些词语。根据上述表述，下列选项中不应成为关键词的是（　　）。

A. 事件中主要人物的名称　B. 事件中所有人物的名称

C. 事件所属的领域　D. 事件影响的领域

20. 以下选项中，不属于将某条新闻归入网站的“重要新闻”的归类判断要点的是稿件的内容涉及（　　）。

A. 重要人物　B. 重要时间　C. 重大活动　D. 重要事件

21. 关于稿件归类的协同工作，下列选项中的说法正确的是（　　）。

A. 对稿件归类进行自动处理

B. 对稿件归类进行批量处理

C. 与相关栏目的编辑协商，对可以归类到不同栏目的稿件进行合理安排

D. 把其他栏目的稿件归类到当前栏目

22. 关于稿件归类，下列说法错误的是（　　）。

A. 要进行稿件归类，先要了解网站的结构

B. 稿件归类不是绝对的，同一篇稿子可以归入不同的栏目下

C. 稿件归类是相对的，不需要太多的人发表意见或者参与，否则会无所适从

D. 根据关键词进行归类是比较常用的方法

23.（　　）是多数网络编辑的日常工作之一。

A. 图片处理　B. 稿件发布　C. 稿件归类　D. 稿件撰写

24. 关于网络互动的意义的表现，下列选项中错误的是（　　）。

A. 信息的传播者与接受者之间的交流更容易

B. 接受者参与新闻传播的可能性大大增强

C. 接受者与接受者之间的交流也得以增加

D. 信息在传播领域内信息流的多向传播

25. 启动式的互动方式的表现形式不包括（　　）。

A. 网民有意地向网站提供的新闻线索　B. 网民无意地向网站提供的新闻线索

C. 记者搜索到网民在 BBS 中的帖子　　D. 记者在其他网站搜索到的新闻线索

26. 下列选项中，不属于启动式的互动方式表现形式的是（　）。

A. 网民有意地向网站提供的新闻线索　　B. 网民无意地向网站提供的新闻线索

C. 记者搜索到网民在 BBS 中的帖子　　D. 记者在其他网站搜索到的新闻线索

27. 网民通过电子邮件或论坛转发自己认为好的或有意义的新闻，这种互动方式属于（　）。

A. 启动式互动方式　　B. 增值性互动方式

C. 参与式互动方式　　D. 提升式互动方式

28. 网民与新闻事件（　）在聊天室或 BBS 中进行讨论，可能是一次新闻的形成过程。

A. 主持人　　B. 采访记者　　C. 目击者　　D. 当事人或嘉宾

29. 网民对"华南虎"事件进行了很多讨论，吸引了更多人的关注，这种互动方式属于（　）。

A. 启动式互动方式　　B. 增值性互动方式

C. 参与式互动方式　　D. 提升式互动方式

30. 网民参与各种形式的网络调查，为新闻报道提供了一定的报道素材与背景，这种互动方式属于（　）。

A. 启动式互动方式　　B. 增值性互动方式

C. 参与式互动方式　　D. 资源式互动方式

31. 对网民邮件进行处理的核心要求是（　）。

A. 转往正确的部门　　B. 总是给予答复

C. 加强网民印象　　D. 及时性与有效性相结合

32. 对于网友发来的电子邮件，网络编辑在处理时应该避免（　）。

A. 进行挑选和分拣　　B. 将相关信件转给有关频道或栏目

C. 尽快回复邮件　　D. 直接转交上级负责人

33. 网民发在 BBS 上的帖子里，不属于能被网站酌情利用的是（　）。

A. 提供新闻线索　　B. 告知新闻或事实

C. 发表对新闻事件的看法　　D. 全文发表

34. 对嘉宾与网友聊天信息内容进行审核的原因不包括（　）。

A. 有些信息不适合发表　　B. 不符合规定的语言

C. 内容不符合国家规定　　D. 内容太多

35. 对嘉宾与网友聊天信息内容进行（　）的原因包括有些信息不适合发表、不符合规定的语言、内容不符合国家规定、文字错误常常出现。

A. 审核　　B. 校对　　C. 检验　　D. 复查

36. 对嘉宾与网友的聊天信息进行整理不包括（　）。

A. 对原始素材进行文字编辑加工

B. 对聊天内容的合法性进行审核

C. 从不同角度对原始素材进行重新组织

D. 根据聊天内容的水平进行删改

37. 在网民互动信息的管理中，要注意反馈的及时性和（　）。

A. 真实性　　B. 多样性　　C. 复杂性　　D. 有效性

38. 大多数聊天室是（　）。

A. 社会化空间　　B. 集体化空间　　C. 公共化空间　　D. 私人化空间

39. 错别字、标点符号误用、语法错误及数字和单位表达得不规范、不准确等属于（　）。

A. 辞章性错误　　B. 知识性错误　　C. 事实性错误　　D. 观点性错误

40. 诗词引用时不准确、错误使用科学名词、在涉及历史人物或事件时出现差错属于（　）。

A. 辞章性错误　　B. 知识性错误　　C. 事实性错误　　D. 观点性错误

41. 下列选项中，属于知识性错误的是（　）。

A. 错别字　　B. 标点符号误用

C. 诗词引用不准确　　D. 数字和单位错误

42. 关于稿件中出现事实性错误的原因，不正确的是（　）。

A. 捕风捉影　　B. 东拼西凑　　C. 无中生有　　D. 片面

43. 原稿中存在着观点、事实、辞章等方面的错误，网络编辑发现并改正这些错误，这种修改稿件的方式称为（　　）。

A. 绝对性修改　　B. 相对性修改　　C. 稿件的增补　　D. 稿件的整合

44. 相对性修改需要通过对（　　）进行修改。

A. 观点　　B. 角度　　C. 辞章　　D. 事实

45. 稿件的改写，就是针对网站的特殊需要，可以将原有的稿件进行篇幅或（　　）等方面的调整。

A. 范围　　B. 内容　　C. 形式　　D. 角度

46. 稿件增补的内容主要包括（　　）。

A. 背景　　B. 资料和回叙　　C. 描述　　D. 超链接

47. 稿件的改写，主要是根据自己网站的传播需要，而对稿件进行的（　　）调整。

A. 内容性　　B. 结构性　　C. 主观性　　D. 客观性

48. 稿件修改在一定程度上是一种（　　）的劳动，它需要体现网络编辑对于稿件的判断与认识。

A. 创造性　　B. 主观性　　C. 实践性　　D. 客观性

49. 可以使用（　　）来修改观点性错误。

A. 替代法　　B. 分析法　　C. 调查法　　D. 说明法

50. （　　）的主要作用包括提示文章内容、评价文章内容、吸引读者阅读。

A. 新闻标题　　B. 新闻发布　　C. 新闻报告　　D. 新闻稿件

51. 关于消息标题的说法错误的是（　　）。

A. 消息标题必须标出新闻事实

B. 消息标题不一定是个完整的句子

C. 新闻事实要有一种确定性，呈现出动态

D. 消息标题不能“含而不露”，而是要“一语破的”，让人“一目了然”“一见钟情”

52. 消息标题中，以发表议论和说理为主的部分称为（　　）。

A. 实题　　B. 虚题　　C. 引题　　D. 副题

53. 关于实题和虚题的说法，正确的是（　　）。

A. 只能是实题

B. 只能是虚题

C. 实题和虚题都必须存在

D. 实题必不可少，虚题根据需要可有可无

54. 关于网络稿件标题的特殊性，下列选项中说法有误的是（　　）。

A. 标题是网络稿件多级阅读的起点

B. 标题在形式上也可以提高读者的阅读兴趣

C. 标题帮助吸引读者的眼球

D. 标题有利于引导读者阅读

55. 与标题相比，（　　）要更详细，传达的要素更多，但与正文相比，它又要简短得多。

A. 内容摘要　　B. 内容提要　　C. 内容分析　　D. 内容说明

56. 内容提要的主要作用不包括（　　）。

A. 吸引读者点击　　B. 揭示稿件的精华

C. 调节阅读节奏　　D. 提高读者购买率

57. 内容提要运用的主要场合不包括下列选项中的（　　）。

A. 在导读页紧接标题出现：通常适用于比较重要的稿件

B. 在正文页的标题后出现：这时，内容提要是作为标题与正文之间的过渡

C. 在正文中出现：这类内容提要通常在正文中每一段落前出现，可以提示该段落的主要内容

D. 在正文中出现：这类内容提要通常在正文中每一段落后出现，可以总结该段落的主要内容

58. 内容提要是对文章的主要内容进行概括的一种文字表达，不能强调稿件中（　　）的内容。

A. 最有价值　　B. 在正文页的标题后出现

C. 最有新意　　D. 在正文后出现

59. 在新闻涉及的多个事实中，只选取其中一个或几个重点事实，放在标题中加以强调。上述描述指的是标题制作中决定标题内容的（　　）。

A. 新意原则　B. 具体原则　C. 准确原则　D. 全面原则

60. 下列选项中，不属于人们经常采用的优化标题方法的是（　　）。

A. 活用动词　B. 巧用比喻、拟人

C. 一语双关　D. 夹叙夹议

61. 用凝练的语言将稿件中的主要信息或观点概括出来，使读者可以更迅速地把握稿件的主要内容，是内容提要写作中最主要的方式。上述描述指的是（　　）。

A. 简明扼要　B. 全面概括　C. 提炼精华　D. 简单概括

62. 在某些情况下，稿件内容本身较为丰富，如果要全面概括，很难突出稿件的重点，这时，可以考虑在内容提要中只强调稿件中最具价值、最有新意或最容易吸引人们的某些内容。上述描述指的是（　　）。

A. 简明扼要　B. 全面概括　C. 提炼精华　D. 简单概括

63. 关于内容提要的说法，错误的是（　　）。

A. 内容提要介于标题与正文之间

B. 内容提要不是新闻体裁中必需的

C. 内容提要可以适当调节阅读的节奏

D. 内容提要的写作要求与标题的要求完全不同

64. 运用超链接具有（　　）的作用。

A. 解释稿件精华　B. 评价文章内容

C. 适应线性阅读　D. 扩展报道宽度

65. 为某一新闻稿件设置合适的相关新闻的决定性因素是（　　）。

A. 文章的重要程度　B. 文章的标题

C. 关键词的选择　D. 文章的时效性

66. 超链接的意义包括使网络信息之间的联系得以增强和（　　）等。

A. 解释稿件精华　B. 评价文章内容

C. 打破传统信息文本的线性结构　D. 扩展报道宽度

67. 超链接的运用方式不包括（　　）。

A. 用注释页面　　B. 直接链接到相关页面

C. 改变传统的写作模式　　D. 减少网站之间的依赖性

68. 在文章中对关键词设置超链接，通常链接到的对象不包括（　　）。

A. 相关知识　　B. 解释说明　　C. 相关报道　　D. 相关人物

69. 利用超链接设置延伸性阅读，这种延伸性阅读包括相关文章、跟帖和（　　）。

A. 标题　　B. 时间　　C. 关键词　　D. 评论

70. 利用超链接改写文章的方式不包括（　　）。

A. 将一篇文章进行分层　　B. 将多篇文章整合成一篇新的文章

C. 缩写长文章　　D. 增补短文章

71. 关于将多篇文章整合成一篇新的文章的写作思路，错误的是（　　）。

A. 主体部分按照金字塔方式

B. 主体部分按照时间由近及远或由远及近的方式

C. 利用超链接，对主体部分的内容进行展开

D. 按照逻辑顺序

72. 关于新闻、消息、信息这三个概念，说法不正确的是（　　）。

A. 消息以简洁的文字迅速传播新近变动的事实，包括新近发生的事实、某些将要变动的事实，是目前最广泛、最经常应用的一种报道形式

B. 新闻是一种特殊的消息

C. 信息是能用来消除和减少信宿关于信源不确定性的东西，这是信息论的创立者申农提出的定义

D. 广义的信息是指一切表述事物的内部或外部互动状态或关系的东西

73. 新闻必须有新意和时效性，即构成新闻的事实是新近发生的，是人们（　　）的事实。

A. 欲知而未知　　B. 众所周知　　C. 渴望欲知　　D. 从未认知

74. 新闻价值判断与（　　）相关。

A. 记者　　B. 媒体的受众对象

C. 新闻事件的大小　D. 新闻是否突发性

75. 新闻（　　）中，事情发生的时间越近，新闻价格越高、内容越新、新闻价值越高。

A. 准确性　B. 真实性　C. 单一性　D. 时新性

76. 新闻重要性方面，影响所涉及的社会领域和（　　）越广泛，影响的程度越深刻，则重要性越是显著。

A. 社会地位　B. 社会成员　C. 社会意识　D. 社会形态

77. 新闻显著性是新闻事实的知名度，这一知名度与新闻中所涉及的（　　）无关。

A. 地点　B. 事件　C. 时间　D. 风格

78. 新闻的趣味性包括：一个是指新闻信息轻松、有意思，能调节人的情绪；另一个是指（　　）。

A. 最新新闻可以让人们了解第一手资料

B. 新闻信息都有其一定的价值

C. 新闻可以引发人们的情感

D. 新闻不随人们的意志而改变

79. 从新闻（　　）特点来看，如果一个人的亲人在美国学习，那么美国对他来说，可能比中国的某一个省更具有接近性。

A. 多样性　B. 差异性　C. 地区性　D. 接近性

80. 新闻角度的选择，与（　　）有关。

A. 领导要求　B. 受众需求　C. 新闻价值　D. 记者喜好

81. 在一个新闻事件中找到一个重点来加以报道，（　　）。

A. 有助于提升人们对新闻的关注度　B. 有助于加强人们对事件的认识

C. 有助于增加人们的参政意识　D. 有助于提高新闻的价值

82. 所谓旧中觅新就是要善于在一个老的题材中发现一些新的现象或新的（　　）。

A. 作用　B. 事实　C. 知识　D. 动向

83. 下列选项中，不属于常见的新闻采访方式的有（　　）。

A. 面对面采访　B. 目击采访　C. 电话采访　D. 上门采访

84. 记者通过显性采访得到的往往是比较真实的第一手材料，其特点是可信度高和（　）。

A. 说服力强　　B. 知名度大　　C. 保密性弱　　D. 敏感性强

85. 下面选项中，不属于隐私范围的是（　　）。

A. 恋爱　　B. 婚姻　　C. 家庭生活　　D. 性别

86. 面对面采访时，了解采访对象的准备工作包括（　　）等。

A. 了解采访对象的个人基本情况　　B. 了解采访对象的个人隐私

C. 了解采访对象的工作业绩状况　　D. 了解对采访对象已有的报道和评价

87. 下列选项中，不属于了解采访对象的准备工作的是（　　）。

A. 了解采访对象的个人基本情况　　B. 了解采访对象的工作业绩情况

C. 了解对采访对象已有的报道或评价　　D. 了解采访对象的婚姻情况

88. （　　）的适用面很广泛，它既可以用于人物报道，又可以用于事件报道。

A. 面对面采访　　B. 电话采访　　C. 邮件采访　　D. 书面采访

89. 面对面采访中，通常可以将提问分为封闭式问题和（　　）。

A. 开放式问题　　B. 半开放式问题

C. 特殊式问题　　D. 半封闭式问题

90. 面对面采访实际上也是一种（　　）。

A. 政治交流　　B. 人际交流　　C. 文化交流　　D. 艺术交流

91. 除了语言符号外，采访中需要用到非语言符号，而（　　）也是非语言符号的一种。

A. 化妆　　B. 手表、包　　C. 手机　　D. 服饰

92. 眼见为实是众所周知的道理，在（　　）中同样如此。

A. 新闻报道　　B. 新闻传播　　C. 新闻采访　　D. 新闻编辑

93. 在目击采访中，（　　）不属于有助于采访的顺利进行及采访效果的提高的措施。

A. 选择适合的观察位置　　B. 确定记者恰当的角色定位

C. 及时拓展采访空间　　D. 分辨回答的真假

94. （　　）也可以作为扩大采访面的一种手段。

A. 电话访问　　B. 面对面访问　　C. 邮件访问　　D. 体验访问

95. 电话采访的一般程序不包括（　　）。

A. 联系采访对象　　B. 准备采访

C. 实施采访　　D. 稿件校对

96. 采访邮件的撰写需要注意的基本事项不包括（　　）。

A. 采访内容要具体、集中　　B. 提问话题要宽泛

C. 设计问题时要考虑周全　　D. 文字表述要准确、注意行文格式

97. 电子邮件采访的基本特点是非面对面的交流，它有一些特点，但不包括（　　）。

A. 电子邮件采访是一种单一形式的交流

B. 电子邮件采访是多形式的交流

C. 电子邮件采访是一种非同步交流

D. 电子邮件采访是一种以采访者为主导的交流

98. 撰写采访邮件时，礼仪部分主要内容不包括（　　）。

A. 记者个人的背景介绍　　B. 记者所在的媒体的背景介绍

C. 适当提及采访对象的背景或成就　　D. 强调报道的价值

99. 在聊天室或 BBS 这样的多方竞争环境中，引起人们关注的方式是多种多样的。（　　）能增加嘉宾对提问者的好感，润滑双方的关系，这类问题也容易引起回答，可以作为交流的开始。

A. 加强针对性的问题　　B. 反复提问

C. 体现人情味的问题　　D. 适当刺激性的问题

100. 关于聊天室或 BBS 采访向嘉宾提问比较简便和可操作性的方式，下列选项中错误的是（　　）。

A. 人身攻击　　B. 适当刺激　　C. 加强针对性　　D. 反复提问

101. 聊天室或 BBS 采访提问的技巧不包括下列选项中的（　　）。

A. 体现人情味　　B. 加强针对性　　C. 适当刺激　　D. 加重语气

102. 记者直接参与到所要报道的新闻事件当中去体验生活，以获得新闻报道所需要的素材，这属于（　　）。

A. 电话采访　　B. BBS 采访　　C. 面对面采访　　D. 体验式采访

103. 下列选项中，不属于体验式采访的选题关键的是（　　）。

A. 要做到指导性和可读性的统一　　B. 要做到大主题和小角度的统一

C. 要做到热点和冷点的统一　　D. 要做到整体和局部的统一

104. 下列选项中，不属于体验式采访需注意的问题的是（　　）。

A. 体验式采访具有很大的局限性

B. 体验式采访要遵守道德规范和法律规范

C. 体验式采访要防止片面性

D. 体验式采访尽量采用直接性

105. 为与采访对象进行平等的交流，需要注意（　　）。

A. 选择对方能接受的采访时机　　B. 选择人少的地方进行采访

C. 要隐藏采访的目的　　D. 穿衣打扮要得体

106. 在采访注意事项中，（　　）应该一定要遵守时间。

A. 新闻采访　　B. 电话回访　　C. 邮件采访　　D. 观察采访

107. 关于新闻通讯与消息的区别，下列选项中表述错误的是（　　）。

A. 讲求时效性　　B. 文体比较自由

C. 有着鲜明的主题　　D. 多采用详述和描写的手法

108. 特写类新闻的特点是（　　）。

A. 报道新闻事件的全过程　　B. 以概括性语言介绍事件

C. 简要和迅速地报道新闻事实　　D. 完整交代事件的来龙去脉

109. 新闻特写是从消息和通讯之间衍生出来的一种报道形式，它与消息的共同点是（　　）。

A. 简洁和迅速地报道新闻事实

B. 完整交代事实的来龙去脉

C. 重视形象思维的作用

D. 特别强调时效性

110. 下列选项中，不属于新闻评论包含的类型的是（　　）。

A. 社论　B. 评论员文章　C. 短评　D. 新闻特写

111. (　　)与白描式的新闻写作方法不符。

A. 尽量少用动词　B. 多用子概念

C. 文笔力求质朴、避免浮华造作　D. 多用大白话

112. 网络稿件的(　　)不受内容多少的影响。

A. 单一性　B. 简便性　C. 稳定性　D. 易读性

113. 关于网络新闻的写作原则，错误的是(　　)。

A. 文章宜短　B. 文字应该庄重

C. 句子宜短　D. 段落宜短

114. 消息中，有关专有名词、术语的解释，有关知识的介绍，以及引用文学艺术作品中的材料、民谣、谚语等材料，称为(　　)。

A. 导语　B. 由头　C. 背景　D. 主题

115. 以凝练的形式、简洁的文字，表述信息中心内容的头一个单元或部分叫做(　　)。

A. 标题　B. 消息头　C. 导语　D. 主体

116. 下列选项中，不属于消息导语写作的常用方式的是(　　)。

A. 叙述式导语　B. 描写式导语

C. 评论或结论式导语　D. 反问式导语

117. 下列标题中属于消息标题的是(　　)。

A.《在大漠中创业》　B.《抓住机遇，加快开发》

C.《刘翔破110米栏世界纪录》　D.《认识"土豆王"》

118. 消息主体是对导语的展开，其展开导语的方式不正确的是(　　)。

A. 补足导语中尚未出现的新闻要素

B. 对新闻事实进行说明、解释，使新闻更加通俗化

C. 将导语中高度概括的事实具体化

D. 增补新的内容，以扩充新闻的信息量

119. 下列选项中，不属于消息主体常见的结构形式的是(　　)。

A. 倒金字塔式　B. 按时间顺序组织材料

C. 按逻辑顺序组织材料　　D. 按空间顺序组织材料

120. 在消息写作中，对新闻事实或新闻事实的某一部分进行解释、补充、烘托的材料称之为（　　）。

A. 消息导语　　B. 消息中的背景

C. 消息主体　　D. 消息中的评论

121. 背景（　　），这样介绍了事件的来龙去脉，帮助读者更好地理解新闻的意义。

A. 穿插于导语中　　B. 紧接导语之后

C. 分散插入主体中　　D. 随即插入导语和主体中

122. 网络编辑接触到的稿件体裁除了（　　）外，是多种多样的。

A. 消息　　B. 通讯　　C. 特写　　D. 非新闻类稿件

123. 对网络视听手段中图片的描述错误的是（　　）。

A. 是一种“易读”的信息　　B. 是一种简洁而有力的表现手段

C. 一般是客观的呈现　　D. 越多越能表现出价值

124. （　　）包括计算机处理中所涉及的图形与图像两种对象。

A. 图片　　B. 图表　　C. 声音　　D. 视频

125. 图表不可以显示事件的（　　）。

A. 地理背景　　B. 当前形式　　C. 事件进展　　D. 报道途径

126. 关于动画与三维动画的特点及作用，描述错误的是（　　）。

A. 不能直接传达新闻信息　　B. 是一种简洁而有力的表现手段

C. 一般是客观的呈现　　D. 具有生动活泼的效果

127. （　　）是对静态图片的发展。

A. 动画与三维动画　　B. 图表

C. 声音　　D. 视频

128. 下列选项中，不属于动画与三维动画的特点及作用的是（　　）。

A. 是一种“易读”的信息　　B. 是一种复杂而有力的表现手段

C. 一般是客观的呈现　　D. 具有生动活泼的效果

129. （　　）对于文字信息是一个有力的补充。

A. 动画与三维动画
B. 图表
C. 声音
D. 视频

130. 声音对于视频的补充作用的主要表现不包括（　　）。
A. 简洁地提供新闻信息
B. 对影像信息进行补充
C. 传达影像无法表现的主观信息
D. 为视频提供服务

131. 人的内心活动是运用了视频的（　）特点。
A. 具有再现性
B. 具有声像并存的形式
C. 显示空间无限制性
D. 影像符号的不确定性

132. 下列选项中，不属于市场上常见网络视频服务器的是（　　）。
A. M-JPEG　B. MPEG4　C. H.264　D. QQ 音乐

133. 视频信息不是一种（　　）的信息形式。
A. 图片　B. 动画　C. 音频　D. 表格

134. 在摄影中（　　）有利于表现和平与宁静。
A. 横画面　B. 竖画面　C. 中景　D. 斜画面

135. 广播电视媒体的重要特长在于（　）、直观性。
A. 真实性　B. 现场性　C. 明确性　D. 客观性

136. 关于广播电视新闻写作需要符合广播电视媒体的传播特点，不包括（　）。
A. 快速及时，先声夺人
B. 线性传播
C. 具体形象，感染力强
D. 留痕迹

137. 从人物来讲，（　　）是表现人的上半身或场景局部的画面，它能较好地表现主体与环境之间的关系。
A. 全景　B. 中景　C. 近景　D. 特写

138. 拍摄方位被分为平摄、仰摄、俯摄的是（　）的拍摄角度。
A. 水平方向　B. 垂直方向　C. 俯仰方向　D. 上下方向

139. （　　）来自景物正前方，景物的受光面积大，均匀。
A. 顺光　B. 侧光　C. 逆光　D. 回光

140. （　　）在风光摄影中用来表现直线条占优势的景物，能使对象显得崇高和有力。

A. 横画面　　B. 竖画面　　C. 斜画面　　D. 反画面

141. 下列选项中，不属于常用的对比方法的是（　　）。

A. 形态的对比　　B. 正反的对比

C. 动静的对比　　D. 影调、色调的对比

142. 关于摄影技巧，说法错误的是（　　）。

A. 画面上的空白有助于突出主体，给人留下想象和回味的空间

B. 水平线具有平和、宁静和放松的感觉

C. 斜线能够表现动感、力量和方向，容易让人心情激动

D. 甩镜头实际上是跟镜头的一种变化形式

143. 对固定的镜头而言，一般特写的取景范围是（　　）。

A. 6 s 以上　　B. 3 s 以上　　C. 1 s 以上　　D. 1～2 s

144. 使画面由大景别连续过渡到小景别的拍摄方法属于（　　）。

A. 拉　　B. 推　　C. 移　　D. 跟

145. 关于镜头组接，说法错误的是（　　）。

A. 蒙太奇就是镜头组接，蒙太奇这个词来自于希腊语，原意为剪辑和组合

B. 转场也是镜头组接的一种方式

C. 利用空镜头和特技是转场的时候比较常见的方式

D. 镜头组接是一个讲究技巧的工作，能体现编辑者和拍摄者的思想和理念

146. 按照电影的叙事顺序和情节结构的发展，让电影条理分明、顺序井然地发展下去。这是（　　），是运用最多的一种形式。

A. 线索式蒙太奇　　B. 平行式蒙太奇

C. 积累式蒙太奇　　D. 抒情式蒙太奇

147. 下列说法中错误的是（　　）。

A. 声音对于文字信息是一个有力的补充

B. 声音对视频也是一种重要的辅助手段

C. 声音对于接收的人来说，有一种选择性

D. 从采集方面看，声音信息的来源也很有限

148.（　　），也就是在新闻发生过程中出现的各种音响，例如人的交谈、人物活动发出的声音等。

A. 新闻时间中的人物采访　　B. 新闻事件的实况音响

C. 新闻现场的环境音响　　D. 音响资料

149. 节目的受众通过声音能感受到与画面人物的感情交流，这体现的是节目声音的制作应（　　）。

A. 达到一定的响度要求　　B. 声音保真度高

C. 具有真实感　　D. 声画对位、衔接自然

150. 在网络内容的采集与加工中，文字、图片、声音、视频的结合运用（　　）。

A. 可以扬长避短　　B. 妨碍内容完整

C. 将会使内容混乱　　D. 造成内存不足

151. 视听语言在运用时，以下说法错误的是（　　）。

A. 将文字、图片、声音、视频等结合运用

B. 栏目与文字内容的有效整合

C. 进行多媒体报道的策划

D. 不要对相同内容开设“纯文字版”的版本

三、多项选择题（选择一个或多个正确的答案，将相应的字母填入题内的括号中）

1. 网络稿件的来源，包括（　　）等方面。

A. 本网站原创稿件　　B. 国内传统媒体稿件

C. 国内其他网站稿件　　D. 网民自发来稿

E. 国外媒体（含网站）稿件

2. 关于信息真实性的表述，下列选项中正确的是（　　）。

A. 信息中涉及的事物是客观存在的

B. 信息的各个要素都是真实的

C. 保证信息的真实性是新闻工作者的职业道德要求

D. 信息的真实性无法完全证实，因此，判断信息的真实性是很难实施的

E. 正常情况下，新闻应该提供准确的姓名、地点等

3. 判断稿件信息的权威性，一般来说可以依据（　　）。

A. 是否来自国家权威部门　　B. 是否来自权威新闻机构

C. 是否来自权威学术杂志　　D. 是否来自名人编写

E. 是否来自国外媒体

4. 从用户角度来说，上网是人们消遣或调节情绪的一个手段。根据上述的描述，这不是判断网络信息价值的（　　）方面。

A. 时效性　　B. 权威性

C. 趣味性　　D. 实用性

E. 真实性

5. 网络信息的实用性与（　　）是相互联系的。

A. 真实性　　B. 显著性

C. 权威性　　D. 时效性

E. 趣味性

6. 判断稿件是否具备发表水平，可以参照的标准包括（　　）等。

A. 国家有关新闻出版的质量标准　　B. 网站的有关质量标准

C. 新闻写作的基本原则、基本规律　　D. 网民的喜好

E. 网站编辑的喜好

7. 一个网站通常包括的结构层次有（　　）等。

A. 子栏目　　B. 栏目

C. 标题　　D. 频道

E. 稿件

8. 下列新闻稿件属于以内容的性质为指标对网站频道或栏目进行分类的有（　　）。

A. 时政新闻　　B. 国际新闻

C. 法制新闻　　D. 娱乐新闻

E. 社会新闻

9. 属于以地域为指标对网站频道或栏目进行分类的有（　　）。

A. 稿件来源于地方

B. 稿件中涉及的事件发生在特定地域

C. 稿件来源于个人

D. 稿件中涉及的事件比较特殊

E. 稿件中涉及的人物、事情具有争议性

10. 网络编辑对新闻稿件进行归类时，可以按（　　）进行归类处理。

A. 关键词　　B. 标题

C. 文风　　D. 时效性

E. 来源

11. 属于以稿件的来源为指标对网站频道或栏目进行分类的包括（　　）等。

A. 人民网的“人民数据”　　B. 新华网的“新华图片”

C. 千龙网的“千龙视野”　　D. 新浪网的“新浪博客”

E. 雅虎网的“雅虎直通车”

12. 对新闻内容进行分类时的重要依据，不包括下列选项中的（　　）等。

A. 文章的文采　　B. 文章的结构

C. 文章的关键词　　D. 文章的角度

E. 文章的内容

13. 将某条新闻归入网站的“地方新闻”或“地方频道”的归类判断要点是（　　）。

A. 稿件内容突出的地方性　　B. 稿件中的中心人物的地方属性

C. 稿件针对读者的地方性　　D. 作者来自地方而非中央

E. 稿件中有地名

14. 关于稿件归类的协同工作，下列选项中的说法不正确的是（　　）。

A. 对稿件归类进行自动处理

B. 对稿件归类进行批量处理

C. 与相关栏目的编辑协商，对可以归类到不同栏目的稿件进行合理安排

D. 把其他栏目的稿件归类到当前栏目

E. 稿件归类是多数网络编辑的日常工作之一

15. 网民参与互动的表现形式包括（　　）等。

A. 启动式　　B. 资源式
C. 提升式　　D. 增值式
E. 参与式

16. 网络互动的意义表现为（　　）。

A. 信息的传播者与接受者之间的交流更容易
B. 接受者参与新闻传播的可能性大大增强
C. 接受者与接受者之间的交流也得以增加
D. 信息在传播领域内信息流的多向性
E. 信息传播者单向传送信息

17. 启动式互动方式的表现形式有（　　）。

A. 网民有意地向网站提供新闻线索　　B. 网民无意地向网站提供新闻线索
C. 记者搜索到网民在 BBS 上的帖子　　D. 记者在其他网站搜索到新闻线索
E. 网民参与 BBS 上的讨论

18. 网民与新闻事件当事人或嘉宾在聊天室或 BBS 中进行讨论，形成一次新闻，这种互动方式不属于（　　）。

A. 启动式互动方式　　B. 增值性互动方式
C. 参与式互动方式　　D. 提升式互动方式
E. 资源式互动方式

19. 网民对“华南虎”事件进行了很多讨论，吸引了更多人的关注。这种互动方式不属于（　　）。

A. 启动式互动方式　　B. 增值性互动方式
C. 参与式互动方式　　D. 提升式互动方式
E. 资源式互动方式

20. 网民参与各种形式的网络调查，为新闻报道提供了一定的报道素材与背景。这种互动方式不属于（　　）。

A. 启动式互动方式　　B. 增值性互动方式
C. 参与式互动方式　　D. 提升式互动方式

E. 资源式互动方式

21. 关于网民发在 BBS 中的帖子，下列选项中可为网站酌情利用的是（　　）。

A. 提供新闻线索　　B. 告知新闻或事实

C. 发表对新闻事件的看法　　D. 发表对社会问题的看法

E. 全文发表

22. 对嘉宾与网友聊天信息内容进行审核的原因包括（　　）等。

A. 有些信息不适合发表　　B. 不符合规定的语言

C. 内容不符合国家规定　　D. 内容太多

E. 文字错误常常出现

23. 在网民互动信息的管理中，下列说法正确的是（　　）。

A. 互动仅指管理员与网民之间的交流和沟通

B. 要注意反馈的及时性和有效性

C. 要注意捕捉网民有意无意向网站提供的新闻线索

D. 互动信息管理是管理员个人完成的事情

E. 互动信息管理只是网民之间的联系形式

24. 关于网络“私人化空间”与“公共化空间”，说法正确的有（　　）。

A. 大多数聊天室是“私人化空间”　　B. 大多数聊天室是“公共化空间”

C. 大多数 BBS 是“私人化空间”　　D. 大多数 BBS 是“公共化空间”

E. 网络“私人化空间”里的内容绝对可以作为网站正式发布内容

25. 辞章性错误主要是（　　）。

A. 错别字　　B. 标点符号误用

C. 词语搭配不当　　D. 数字和单位错误

E. 形式逻辑错误

26. 捕风捉影、东拼西凑、无中生有、主观想象、夸大事实等行为不是造成（　　）等的原因。

A. 辞章性错误　　B. 知识性错误

C. 事实性错误　　D. 观点性错误

E. 逻辑性错误

27. 稿件中观点性错误常见的表现形式包括（　　）等。

A. 稿件作者本身观念就有问题　　B. 无中生有

C. 随风转　　D. 拔高

E. 片面

28. 绝对性修改需要通过对（　　）进行修改。

A. 观点　　B. 事实

C. 辞章　　D. 角度

E. 篇幅

29. 下列句子中，（　　）有错误。

A. 如今，“奔腾Ⅱ”计算机也成为昨日黄花了

B. 他在校园里张贴了一张遗失启示

C. 潮阳以特色农产品闻名遐迩

D. 这棵树有 3 尺多粗

E. 这个美丽的海滨城市终于结束了被日本占领的耻辱

30. 关于稿件增补，说法正确的是（　　）。

A. 直接在稿件中加入

B. 用超链接的方式补充

C. 稿件增补的内容可以是资料

D. 稿件增补中可以对过去发生的事情进行简要的交代

E. 稿件增补就是为了补充原稿中交代不清的内容

31. 稿件的改写主要是根据自己网站的传播需要，而对稿件进行的结构性调整，它一般可分为（　　）。

A. 缩减篇幅　　B. 增补资料

C. 回叙　　D. 改变角度

E. 结构性调整

32. 新闻标题的主要作用是（　　）。

A. 提示文章内容
B. 评价文章内容
C. 吸引读者阅读
D. 突出文章重点
E. 显示文章结构

33. 消息中对新闻事实中最重要、最新鲜的内容进行摘要或归纳的方式不包括（　　）。

A. 叙述式导语
B. 描写式导语
C. 评论式导语
D. 结论式导语
E. 设问式导语

34. 下面可能出现的标题组合是（　　）。

A. 主题＋副题
B. 引题＋主题
C. 引题＋主题＋副题
D. 引题＋副题
E. 主题

35. 网络稿件标题的特殊性主要体现在（　　）。

A. 标题是网络稿件多级阅读的起点
B. 标题是新闻中最基本内容的提示
C. 标题帮助吸引读者的眼球
D. 标题有利于引导读者阅读
E. 标题在形式上也可以提高读者的阅读兴趣

36. 内容提要的主要作用包括（　　）。

A. 吸引读者点击
B. 揭示稿件的精华
C. 调节阅读节奏
D. 提高读者购买率
E. 代替稿件的目录

37. 以下关于内容提要的说法，正确的包括（　　）。

A. 内容提要可以吸引读者点击
B. 内容提要是对文章主要内容的概括
C. 内容提要只能出现在正文中
D. 内容提要介于标题和正文之间
E. 内容提要体现了稿件的精华

38. 标题制作中决定标题内容的具体原则包括（　　）。

A. 关联度原则
B. 最新进展原则

C. 创新原则　　　　D. 关键数字原则

E. 解释解惑原则

39. 人们经常采用的优化标题的方法有（　　）。

A. 活用动词　　　　B. 巧用比喻、拟人

C. 一语双关　　　　D. 翻译科技词汇

E. 用“数字”“符号”说话

40. 网络新闻标题通常采用（　　）。

A. 实题　　　　B. 虚题

C. 复合型标题　　　　D. 单一型标题

E. 引题

41. 关于内容提要，下列说法正确的是（　　）。

A. 内容提要介于标题与正文之间

B. 内容提要不是新闻体裁中必需的

C. 内容提要可以适当调节阅读的节奏

D. 内容提要的写作要求与标题的要求完全不同

E. 导语可以作为内容提要

42. 网页中的链接对象通常包括（　　）等。

A. 知识介绍　　　　B. 相关报道

C. 相关主题　　　　D. 相关网站

E. 相关作者

43. 在文章中对关键词设置超链接，通常链接到的对象包括（　　）。

A. 相关知识　　　　B. 解释说明

C. 相关报道　　　　D. 相关新闻

E. 相关网站

44. 利用超链接设置延伸性阅读，这种延伸性阅读包括（　　）。

A. 相关文章　　　　B. 跟帖

C. 关键词　　　　D. 评论

E. 相关新闻

45. 关于加入超链接的量与度，要考虑（　　）等几个外部因素。

A. 读者对象的层次　　B. 超链接的内容

C. 形势与时局的变化　　D. 超链接打开的方式

E. 超链接设置的位置

46. 关于新闻的说法，正确的是（　　）。

A. 新闻是关于新近发生的事实的报道

B. 新闻是一种特殊的信息

C. 新闻不是“有闻必录”，而是要挑选有较大影响的事件

D. 消息是一种特殊的新闻体裁

E. 新闻事件具有反常性、猎奇性，以及趣味性、刺激性

47. 判断新闻价值大小的要素有（　　）。

A. 时效性　　B. 重要性

C. 扩展性　　D. 显著性

E. 趣味性

48. 新闻重要性方面，影响所涉及的（　　）越广泛，影响的程度越深刻，则重要性越是显著。

A. 社会领域　　B. 社会地位

C. 社会成员　　D. 社会意识

E. 社会形态

49. 新闻显著性是新闻事实的知名度，这一知名度与新闻中所涉及的（　　）等所具有的知名度相关。

A. 人物　　B. 地点

C. 事件　　D. 时间

E. 风格

50. 新闻的趣味性的一个方面是可以引发人们的情感，如（　　）等。

A. 热爱　　B. 嘲笑

C. 同情　　D. 发呆

E. 无奈

51. 下面选项中，属于新闻敏感的特点的是（　　）。

A. 快捷　　B. 准确

C. 灵活　　D. 简练

E. 规范

52. 属于选择新闻角度的思路的有（　　）。

A. 全局思维　　B. 发散思维

C. 逆向思维　　D. 统摄思维

E. 倒叙思维

53. 记者通过显性采访得到的往往是比较真实的第一手材料，（　　）。

A. 可信度高　　B. 说服力强

C. 知名度大　　D. 保密性弱

E. 敏感性强

54.《未成年人保护法》中规定：“对未成年人犯罪案件，在判决前（　　）不得披露该未成年人的姓名、住所、照片及可能推断出该未成年人的资料。”

A. 新闻报道　　B. 影视节目

C. 公开出版物　　D. 法院

E. 派出所

55. 面对面采访中常用的手段有（　　）。

A. 分解问题　　B. 明知故问

C. 追问、借问　　D. 从周围环境中寻找提问线索

E. 适度刺激

56. 在准备采访提纲时，应该注意提问的循序渐进，（　　）是将问题不断引向深入的方式。

A. 由小到大　　B. 由近到远

C. 由易到难　　D. 由表到里

E. 由多到少

57. 面对面采访中，通常可以将提问分为（　　）。

A. 开放式问题
B. 半开放式问题
C. 特殊式问题
D. 封闭式问题
E. 半封闭式问题

58. 除了语言符号外，采访中需要用到非语言符号，下面（　　）不属于非语言符号的一种。

A. 化妆
B. 手表、包
C. 手机
D. 服饰
E. 润唇膏

59. 在目击采访中，（　　）问题如果处理得好，有助于采访的顺利进行及采访效果的提高。

A. 选择适合的观察位置
B. 确定记者恰当的角色定位
C. 及时拓展采访空间
D. 分辨回答的真假
E. 寻找问题的本质

60. 电话采访的优点包含（　　）。

A. 简便
B. 省心
C. 节省时间
D. 节省精力
E. 节省金钱

61. 电话采访的一般程序包括（　　）。

A. 联系采访对象
B. 准备采访
C. 实施采访
D. 事后核实
E. 稿件撰写

62. 撰写采访邮件时，礼仪部分主要内容包括（　　）。

A. 记者个人的背景介绍
B. 记者所在的媒体的背景介绍
C. 适当提及采访对象的背景或成就
D. 说明此次采访的目的
E. 强调报道的价值

63. 聊天室或BBS采访向嘉宾提问时比较简便、具有可操作性的方式包括（　　）。

A. 体现人情味　　B. 加强针对性

C. 适当刺激　　D. 反复提问

E. 人身攻击

64. 记者直接参与到所要报道的新闻事件当中去体验生活，以获得新闻报道所需要的素材，这不属于（　）。

A. 电话采访　　B. BBS采访

C. 电子邮件采访　　D. 体验式采访

E. 面对面采访

65. 体验式采访的选题的关键在于（　　）。

A. 要做到指导性和可读性的统一　　B. 要做到大主题和小角度的统一

C. 要做到热点和冷点的统一　　D. 要做到整体和局部的统一

E. 要做到表面和内在的统一

66. 体验式采访需注意几个问题，有（　　）。

A. 体验式采访具有很大的局限性

B. 体验式采访要遵守道德规范和法律规范

C. 体验式采访要防止片面性

D. 体验式采访尽量采用直接性

E. 体验式采访要注意真实性

67. 消息的主要特点有（　　）。

A. 简要、概括地反映新闻事实

B. 注重用事实说话

C. 一般采用“倒金字塔式”的结构方式

D. 有消息头

E. 适用范围不广，但发稿速度快

68. 与消息相比，新闻通讯的特点是（　　）。

A. 注重报道对象的新闻价值　　B. 讲求时效性

C. 文体比较自由
D. 有着鲜明的主题
E. 多采用详述和描写的手法

69. 新闻特写是从消息和通讯之间衍生出来的一种报道形式，它与通讯的共同点是（　　）。

A. 简洁迅速地报道新闻事实
B. 完整交代事实的来龙去脉
C. 重视形象思维的作用
D. 重视运用各种文学手法来进行生动形象的报道
E. 特别强调时效性

70. 新闻语言的基本要求为（　　）。

A. 准确
B. 简洁
C. 鲜明
D. 活泼
E. 生动

71. 网络稿件的易读性受（　　）的影响。

A. 句子的长度
B. 人称指代的多寡
C. 文字的质朴与否
D. 内容的排列方式
E. 稿件要点提示

72. 常用的导语写作方式有（　　）。

A. 叙述式导语
B. 描述式导语
C. 评论式导语
D. 结论式导语
E. 设问式导语

73. 写作消息导语的常用方式有（　　）。

A. 叙述式导语
B. 描写式导语
C. 评论或结论式导语
D. 设问式导语
E. 反问式导语

74. 消息主体是对导语的展开，其展开导语的方式有（　　）。

A. 补足导语中尚未出现的新闻要素

B. 对新闻事实进行说明、解释，使新闻更加通俗化

C. 将导语中高度概括的事实具体化

D. 揭示出新闻事实的意义

E. 增补新的内容，以扩充新闻的信息量

75. 背景是对新闻事实的重要辅助手段，它的作用体现在（ ）。

A. 背景可以对新闻事实进行说明、解释，使新闻更加通俗易懂

B. 背景材料可以更好地揭示新闻事物的意义

C. 背景可以起到对比衬托的作用，从而更好地突出事物的特点，显示事物的变化与发展

D. 可以利用背景暗示某些不便于直接表达的观点

E. 背景不能增加新闻的知识性与趣味性

76. 消息中背景常见的运用方式包括（ ）等。

A. 穿插于导语中

B. 紧接导语之后

C. 分散插入主体中

D. 随即插入导语和主体中

E. 安排在导语之前

77. 在稿件修改实际工作中，利用新闻写作基本规律的知识，对新闻稿件进行判断，以下错误的选项是（ ）。

A. 可以判断是否符合新闻写作的基本要求

B. 可以判断是否符合消息体裁写作的基本要求

C. 可以判断是否符合新闻采访的基本要求

D. 可以判断是否符合版面布局的基本要求

E. 可以判断是否符合栏目策划的基本要求

78. 运用 Flash 技术，可以在推介图片时产生（ ）的镜头效果。

A. 推

B. 拉

C. 摇

D. 移

E. 抬

79. 在网络新闻中，图片的作用表现为（ ）。

A. 作为新闻事件的图示材料

B. 显示事件的地理背景、当前形势、事件进展

C. 作为新闻素材的组织手段

D. 可以将不同时间、不同来源的稿件进行有机结合

E. 作为媒体焦点

80. 在使用音频信息时，需要考虑到（　　）。

A. 网络发展的现状　　B. 用户的需求

C. 网络带宽的限制　　D. 声音信息的来源

E. 音频信息的处理

81. 对声音的特点及作用描述正确的是（　　）。

A. 简洁地提供新闻信息　　B. 对影像信息进行补充

C. 引导受众正确理解　　D. 无法拒绝接收

E. 传达影像无法表现的主观信息

82. 对视频的特点及作用描述正确的是（　　）。

A. 具有再现性　　B. 具有声像并存的形式

C. 显示空间无限制性　　D. 影像符号的不确定性

E. 有较高的设备要求

83. 新闻摄影的特点有（　　）。

A. 新闻性　　B. 真实性

C. 再现性　　D. 直接性

E. 及时性

84. 广播电视媒体的重要特长在于（　　）。

A. 真实性　　B. 现场性

C. 明确性　　D. 客观性

E. 直观性

85. 广播电视新闻报道的要求包括（　　）等。

A. 进行前期报道策划

B. 处理好带机采访与脱机采访的关系

C. 尽力实现内容与形式的完美统一

D. 尽可能多地捕捉鲜活、真实的原生态信息

E. 体现出本媒体所独有的特点

86. 水平方向的拍摄角度是指以被摄主体为中心，镜头在水平方向上的不同方位拍摄所构成的拍摄角度，一般分为（　　）等方位。

A. 正面　　B. 背面

C. 底面　　D. 侧面

E. 斜侧面

87. 拍摄照片时，拍摄对象受光面不同，拍摄的效果也不同。通常根据光线的照射方向可将拍摄分为（　）等几种。

A. 顺光　　B. 侧光

C. 逆光　　D. 顶光

E. 回光

88. 照片可分为（　　）画幅。

A. 横画面　　B. 竖画面

C. 斜画面　　D. 反画面

E. 正画面

89. 运动摄像中，摄像机的运动形式包括（　　）。

A. 推　　B. 拉

C. 移　　D. 闪

E. 甩

90. 影像镜头组接时的依据主要体现在（　　）方面。

A. 人们认知习惯与接受逻辑　　B. 镜头的长短

C. 事物的运动状态　　D. 镜头运动

E. 人物心理活动与情绪

91. 常见的转场技巧包括（　　）。

A. 淡入淡出　　B. 叠化
C. 分割屏幕　　D. 翻滚
E. 错觉

92. 从新闻报道的角度，可以将声音分为（　　）。
A. 新闻事件的实况音响　　B. 新闻事件中的人物访谈
C. 新闻现场的环境音响　　D. 音响资料
E. 音乐

93. 音视频节目中声音采集与制作的质量要求有（　　）。
A. 达到一定的响度要求　　B. 有效控制噪声
C. 声音保真度高　　D. 具有真实感
E. 恰当进行混合处理

组织互动

一、判断题（将判断结果填入括号中。正确的填“√”，错误的填“×”）

1. 受众调查和受众研究都可以成为网络报道的一种手段。（　　）
2. 封闭式问卷调查也是常用的一种问卷调查形式。（　　）
3. 调查项目应该从网民的关注点开展调查。（　　）
4. 在社会调查问卷中，E-mail 问卷方式既属于送发问卷，也属于媒体问卷。（　　）
5. 中性意见或态度既可以用于理想投票式问卷的答案设计，也可以用于非理想的投票式问卷的答案设计。（　　）
6. 对于完整问卷调查而言，由于程序上较复杂，网民参与调查耗费的时间较长，通常能吸引到的网民不多。（　　）
7. 网络编辑对调查结果需要进一步进行数据可用性分析。（　　）
8. 网络论坛是网民意见的主要出口。（　　）
9. 互动是网民的意见与态度的表达方式，同时也是网民个性张扬的方式。（　　）
10. 开心网是以共同兴趣维系的论坛。（　　）

11. 网上论坛中的恶作剧者以调侃、骚扰、制造混乱为乐趣。（　）

12. 为了鼓励成员的参与，在节日或成员生日等重要的日子，可以为成员送上电子贺卡或其他形式的祝福。这是采用激励机制促进论坛的发展。（　）

13. 对论坛而言，论坛成员是纯粹的被管理者。（　）

14. 组织网友间的联谊也是论坛活动的主要组成部分之一。（　）

15. 博客是一种高门槛的个人媒体。（　）

16. 博客和播客的性质一样，只是名字不同。（　）

17. 网站主要根据网站的管理规定管理博客、播客的内容。（　）

18. 不管在博客、播客上发布什么都属于个人行为，不受法律制约。（　）

二、单项选择题（选择一个正确的答案，将相应的字母填入题内的括号中）

1. 将一个问题分成两组，使之出现在问卷中的不同地方，以检验回答的真实与否，这种题目叫做（　）。

A. 真实性问题　B. 检验性问题　C. 态度性问题　D. 重复性问题

2. 调查问卷中如果涉及网民个人隐私，则网站应该（　）。

A. 明确告知收集信息的目的和使用范围限制

B. 将信息转给第三方

C. 随意使用收集信息

D. 公布相关资料

3. 受众调查时应该注意的事项有（　）。

A. 当前社会热点调查　B. 保护受众隐私

C. 每天进行调查　D. 多进行重大题材的调查

4. 投票式调查中为了尽可能获取真实全面的受众意见，（　）非常关键。

A. 题干设计　B. 题型设计

C. 查看结果方式设计　D. 备选答案设计

5. 网站调查项目不包括（　）。

A. 了解本网站的网民构成　B. 了解网民的网上行为特点

C. 了解网民对本网站内容的意见　D. 了解网民对本网站服务的意见

6. 下列选项中，属于直接调查的是（　　）。

A. 通信调查　　B. 问卷调查　　C. 文献调查　　D. 实验调查

7. 调查问卷的主体主要包括（　　）。

A. 调查目的　　B. 调查对象　　C. 调查问题　　D. 调查时间

8. 前言是对（　　）及有关事项的说明。

A. 调查目的　　B. 调查原因　　C. 调查对象　　D. 调查时间

9. 进行调查数据处理的方式不包括（　　）。

A. 利用 Excel　　B. 利用画板　　C. 使用统计学　　D. 提交专业人员

10. 下列关于受众调查的说法错误的是（　　）。

A. 受众调查是社会调查中的一种

B. 受众调查从大的方面可以分为直接调查和间接调查

C. 全面调查是对调查对象中总体的一部分进行的调查

D. 受众调查中可以使用社会调查的各种方式

11. （　　）是由研究机构或媒体实施的、了解受众媒介接触行为和态度的调查。

A. 受众调查　　B. 数据汇总　　C. 电话访问　　D. 报告分析

12. 网络编辑对调查结果不需要进行（　　）。

A. 有效性分析　　B. 趣味性分析

C. 数据意义分析　　D. 数据可用性分析

13. 下列选项中，说法不正确的是（　　）。

A. 网络论坛是网民自由发言的场所

B. 网络论坛是网民意见的主要出口

C. 网络论坛为网民意见的传播提供了可能

D. 网络论坛的内容通常经过网站的筛选和加工

14. 下列选项中，属于从论坛的设置时间分类的是（　　）。

A. 长期性论坛　　B. 以产品维系的论坛

C. 以关系维系的论坛　　D. 临时性论坛

15. 网络论坛通常是指网站上的（　　）。

A. BBS　　B. 聊天室　　C. 个人空间　　D. 邮箱

16. 校友录属于（　　）。

A. 以任务维系的论坛　　B. 以传统关系维系的论坛

C. 以产品维系的论坛　　D. 以共同兴趣维系的论坛

17. 下列选项中属于从论坛的管理方式来分类的是（　　）。

A. 长期性论坛　　B. 有限制式论坛

C. 以关系维系的论坛　　D. 临时性论坛

18. 网上论坛中的（　　）不太看中获取，而喜欢探索环境。

A. 追求成就者　　B. 探索者　　C. 社交活动者　　D. 恶作剧者

19. 为了促进论坛的发展，版主通常根据帖子的点击次数和回帖数量来给予作者一定奖励的措施属于网站的（　　）。

A. 身份管理　　B. 重点作者扶持

C. 激励机制　　D. 竞争机制

20. 论坛管理不涉及（　　）方面的管理。

A. 发帖质量　　B. 发帖内容　　C. 用户身份　　D. 版权问题

21. 下列选项中，不属于从维系点来分类的是（　　）。

A. 以传统关系维系的论坛　　B. 以产品维系的论坛

C. 以人物维系的论坛　　D. 以长期关系维系的论坛

22. 以下对网络论坛成员的描述不正确的是（　　）。

A. 论坛成员是论坛必不可少的一分子　　B. 论坛成员是版主服务的对象

C. 论坛成员是纯粹的被管理者　　D. 论坛成员是论坛的主角

23. 为了突出热帖，论坛通常采取（　　）的内容排列方式。

A. 按发布时间排列　　B. 按照点击率排列

C. 按内容长短排列　　D. 按照主题排列

24. 在推荐论题时，错误的是（　　）。

A. 避免推荐明确具体的论题，以保证讨论热度

B. 应推荐具有强烈现实意义的话题

C. 应推荐具有讨论余地的话题

D. 应推荐具有较强的现实意义的论题

25. 某网站的一个论坛组织社交活动，那么可以推测此时参与该论坛的网民多属于（　　）。

A. 追求成就者　B. 探索者　C. 社交活动者　D. 恶作剧者

26. 为了促进论坛的发展，论坛的组织者有时为论坛成员发送生日贺卡，这体现了论坛的（　　）。

A. 开放性　B. 人情味　C. 激励性　D. 交互性

27. 下列选项中，说法不正确的是（　　）。

A. 博客可以传播文字信息　B. 播客可以传递音频信息

C. 播客可以传递视频信息　D. 博客和播客都不需要借助第三方程序

28. 下列说法中正确的是（　　）。

A. 许多博客是个人心中所想之事情的发表，倾向于个人情感的体现活动

B. 博客和播客都不需要借助第三方程序

C. 博客不能对隐私进行设置

D. 博客是完全隐私的，别人不可以看

29. 下列选项中不是 Weblog 的同义词的是（　　）。

A. Blog　B. 博客　C. 网志　D. 笔记

30. （　　）原名 Weblog，后简化为 Blog，是网络日志。

A. 博客　B. 播客　C. 拼客　D. 收客

31. 博客不可以传播（　　）信息。

A. 音频　B. 文字　C. 图片　D. 色情淫秽

32. 网络日志是一种（　　）记录形式。

A. 复合　B. 流水　C. 单一　D. 概括

33. 博客、播客作者既是博客、播客网站的用户，同时又是直接与博客、播客浏览者互动交流的主要角色，对于博客、播客网站内容质量和影响力起着决定性的作用。下列说法中不属于网站对于这类用户的管理手段的是（　　）。

A. 明示管理规则　　B. 建立激励机制

C. 积极提供服务　　D. 要求详细提供身份信息

34. 新手建博客的注意事项中不包括（　　）。

A. 使用模板建博客　　B. 使用上传

C. 直接编辑　　D. 使用用户名与昵称

35. 新手在建立博客时应注意，写日志的时候，如果没有写完或还不想上传时，应将日志保存为（　　）。

A. 直接上传　　B. 不需要保存　　C. 草稿　　D. 下载文件

三、多项选择题（选择一个或多个正确的答案，将相应的字母填入题内的括号中）

1. 采用封闭式问卷的好处有（　　）。

A. 节约回答时间　　B. 标准化程度高

C. 结果易于统计分析　　D. 回复率高

E. 调查问卷保密性高

2. 网站在进行问卷调查时通常采用（　　）等形式。

A. 完整问卷调查　　B. 混合式问卷调查

C. 开放式问卷调查　　D. 投票式问卷调查

E. 封闭式问卷调查

3. 调查问卷中如果涉及网民个人隐私，则网站不应该（　　）。

A. 明确告知收集信息的目的　　B. 将信息转给第三方

C. 随意使用收集信息　　D. 公布相关资料

E. 说明信息的使用范围

4. 为了了解受众的情况，调查项目应该从（　　）开展调查。

A. 网民的构成　　B. 网民对网站内容的意见

C. 网民的关注点　　D. 网民的网上行为特点

E. 网民对网站表现形式的意见

5. 社会调查所采用的问卷发放方式主要包括（　　）等。

A. 媒体问卷　　B. 邮政问卷

C. 送发问卷　　D. 访问问卷

E. 电子邮件问卷

6. 在有些情况下，网站也可以通过电子邮件等方式来发送问卷，这种方式的特点包括（　　）等。

A. 可以进行调查样本的选择　　B. 问卷回收率高

C. 问卷回收率低　　D. 回收问卷所需时间较短

E. 回收问卷所需时间较长

7. 完整问卷调查的优点包括（　　）等。

A. 了解参与者背景　　B. 有助于得到更可靠的结果

C. 有助于对所获信息进一步分析　　D. 有助于吸引更多网民参与

E. 网民参与调查耗费时间短

8. 进行调查数据处理的方式包括（　　）等。

A. 利用 Excel　　B. 利用 SPSS

C. 使用统计学　　D. 提交专业人员

E. 提交调查公司

9. 在论坛中对于互动内容的管理主要包括（　　）等。

A. 互动方式设计　　B. 发布方式管理

C. 呈现方式管理　　D. 内容审核

E. 互动结果分析

10. 互动管理的基本原则为（　　）。

A. 张弛有道　　B. 松紧适当

C. 审时度势　　D. 灵活把握

E. 制度化管理与人性化管理相结合

11. 网络论坛的意义，包括（　　）等。

A. 网民意见表达的重要渠道　　B. 网民情绪宣泄的重要渠道

C. 人际交流的媒介　　D. 网站建设的重要内容

E. 维持品牌的重要手段

12. 下列选项中的角色，可能属于论坛管理者的是（　　）。

A. 论坛的游客　　B. 某专栏的网络编辑

C. 论坛总版主　　D. 网站某个专栏版主

E. 论坛管理员

13. 论坛的成员分为（　　）等几类。

A. 追求成就者　　B. 探索者

C. 社交活动者　　D. 潜水者

E. 恶作剧者

14. 通常，网民可以以（　　）身份参与网络互动。

A. 注册唯一 ID　　B. 匿名

C. 过客　　D. 注册多个 ID

E. 管理者

15. 在论坛中删帖、扣帖的基本判断依据包括（　　）等。

A. 论坛管理条例　　B.《互联网信息服务管理办法》

C.《互联网电子公告服务管理规定》　　D. 时局的变化

E. 宪法

16. 在推荐论题时，（　　）。

A. 避免推荐明确具体的论题，以保证讨论热度

B. 应推荐具有强烈现实意义的论题

C. 应推荐具有讨论余地的论题

D. 应推荐模糊不清的论题

E. 应推荐具有较强的现实意义的论题

17. 论坛管理需要注意的事项有（　　）。

A. 管理者行使自己的职权

B. 管理者尽可能调动网友的积极性

C. 与网站其他部分实行联动、互动

D. 管理者为论坛成员提供好的服务

E. 通过各种形式与论坛成员进行沟通

18. 播客的转播特点包括（　　）等。

A. 大众化传播　　B. 小众化传播

C. 个人化传播　　D. 受众地位的主动性突出

E. 口语化

19. 博客、播客内容的主要管理依据是（　　）等。

A. 网站管理规定　　B. 网站管理人员的经验

C. 国家法律法规　　D. 充分自由原则

E. 受众的喜好

20. （　　）是在网络上的一种流水记录形式。

A. 黑客　　B. 流水账

C. 播客　　D. 博客

E. 网络日志

21. 网站对于博客、播客作者一般通过（　　）等手段进行管理。

A. 明示管理规则　　B. 建立激励机制

C. 积极提供服务　　D. 要求详细提供身份信息

E. 建立竞争机制

网页实现

一、判断题（将判断结果填入括号中。正确的填“√”，错误的填“×”）

1. 网页管理系统、信息发布与管理系统等都属于论坛信息发布系统。　（　　）
2. 稿件编辑器工作窗口的状态栏包括：HTML、文本、预览、发布、代码。　（　　）
3. 所有工作人员在同一信息发布系统中，所能接触到的操作都是一致的。　（　　）
4. 网页传播质量指的是图片的大小和清晰度、文字的规范程度、多媒体软件的使用等。　（　　）
5. CGI 应用程序可以由大多数的编程语言编写，如 Perl（Practical Extraction and Re-

port Language)，C\C++，Word 和 Visual Basic 等。 （ ）

6. ASP 是一种脚本语言，可以和 HTML 相互嵌套。 （ ）

7. 可以将 Dreamweaver 中存储的 JavaScript 行为附加到诸如按钮之类的 HTML 表单对象。 （ ）

8. 无损压缩文件格式是 TIFF。 （ ）

9. 采集高像素的图片缩放不容易失真。 （ ）

10. 在 Photoshop 中，曲线面板中直线的两个端点不可调整。 （ ）

11. 在 Photoshop 中，Action 都是自己创建的。 （ ）

12. 在 Photoshop 中，滤镜对图像的处理主要通过改变像素数据实现。 （ ）

13. 在 Photoshop 中，可以在任何时候切换为抓手工具，需要按住 Shift。 （ ）

14. Photoshop 中，套索工具和多边形工具间不能随便切换。 （ ）

15. Photoshop 制作的图片不可以应用到网页设计中。 （ ）

16. 从动作的表现形式区分，动画可以分为“完善动画”和“局限动画”。 （ ）

17. SWF 是 Flash 动画的后缀名称。 （ ）

18. 电影一般采用每秒 12 幅画面的速度拍摄播放。 （ ）

19. 在 Flash 中，过度帧可以有任意多个。 （ ）

20. 帧中装载着 Flash 作品的全部内容。 （ ）

21. Flash 中任意一帧均可设置成为关键帧。 （ ）

22. 在用 Flash 制作渐变动画时，要使组合体或文字的颜色渐变，必须先将它们转换为元件。 （ ）

23. Flash 中图像大小不可以用鼠标拖动的方法改变。 （ ）

24. 如果要改变图层的位置，可以在图层上按住鼠标左键拖动到目标位置。 （ ）

25. Flash 中，Ctrl+F7 表示新建元件。 （ ）

26. Flash 动画在网页中可以通过点击鼠标右键，选择“另存为”保存。 （ ）

27. 在 FrontPage 网页编辑中文本的插入形式有直接输入、复制字符块、插入文档、插入字符、链接字符。 （ ）

28. Dreamweaver 与 Flash 等相结合，可以使网页产生更加丰富多彩的动态效果。 （ ）

29. 多媒体方式、超链接、用户界面友好、用户界面易用、用户界面简单都是 WWW 的优点。（　）

30. 一般把 HTML 标记分成三大类：格式元素、文档结构元素和页面框架元素。（　）

31. 在 HTML 标记中<TH>标签成对出现在 <TABLE> 标签对之内，用于表示一个“标题（Heading）”单元格。（　）

32. 一条 HTML 标记是由程序语句、标记元素、指令组成。（　）

二、单项选择题（选择一个正确的答案，将相应的字母填入题内的括号中）

1. 信息发布系统的使用者，首先应该学会（　）。

A. 系统的登录方式　B. 论坛管理系统
C. 信息查询系统　D. 内容管理系统

2. 在信息发布系统中，签发编辑不能完成（　）的工作。

A. 签发稿件　B. 退回稿件
C. 设置栏目权限　D. 删除稿件

3. （　）是网络编辑最重要的工作场所。

A. 稿件编辑系统　B. 稿件发布系统
C. 稿件设置系统　D. 其他操作系统

4. 具有签发权限的编辑不能进行（　）的操作。

A. 签发（单个签发、批量签发）　B. 稿件发布
C. 查看发布的效果　D. 模板管理

5. 信息发布系统的基本操作不包括（　）。

A. 新闻采访　B. 稿件编辑系统的使用
C. 进行稿件的传送　D. 进行专题的制作

6. 在网页组织结构当中，所有页面具有同等的地位，用户的浏览过程是从一个页面到另一个页面的水平流动，这种结构属于（　）。

A. 树状结构　B. 线形结构　C. 网状结构　D. 无链接结构

7. 下列选项中，（　）是没有交互功能的技术。

A. CGI　B. HTML　C. DHTML　D. ASP

8. CGI（Common Gateway Interface）的中文译名为（　　）。

A. 通用网关接口　B. 公共网关接口

C. 网关接口　D. 互联网接口

9. CGI 程序使网页具有（　　）。

A. 交互功能　B. 传播功能　C. 扩充功能　D. 链接功能

10. JavaScript 是一种基于（　　）和事件驱动并具有安全性能的脚本语言。

A. 任务　B. 对象　C. 程序　D. 工具

11. 在 Java Applet 中不可以实现（　　）功能。

A. 图形绘制　B. 字体和颜色控制

C. 动画和声音的编辑　D. 人机交互

12. 在（　　）中可以实现图形绘制、字体和颜色控制、动画和声音的插入、人机交互、网络交流等功能。

A. FW　B. Java Applet　C. VB　D. Flash

13. 在 Photoshop 中，（　　）是专门为存储矢量图形而设计的。

A. TIFF　B. BMP　C. ESP　D. GIF

14. JPEG 格式通过减少图像中的数据达到压缩图像的文件大小的目的，这是一种（　　）压缩。

A. 无损　B. 有损　C. 放大　D. 缩小

15. 在 Photoshop 中，通过按（　　）键可以打开当前工具的选项面板。

A. 鼠标右键　B. 鼠标左键　C. 回车键　D. Ctrl 键

16. 在 Photoshop 中，用“裁切工具”截取需要的范围时应按住（　　）。

A. 鼠标右键　B. 鼠标左键　C. Alt 键　D. Ctrl 键

17. 下列选项中不属于色彩调整工具的是（　　）。

A. 色阶　B. 自动色阶　C. 曲线　D. 魔棒工具

18. 在 Photoshop 中，曲线面板中直线的两个端点分别表示高光区和（　　）。

A. 低光区　B. 自动色阶　C. 暗调区　D. 透明区

19. 滤镜是（　　）中功能最丰富、效果最奇特的工具之一。

A. Flash　　B. Word　　C. Excel　　D. Photoshop

20. （　　）中提供了 ImageReady CS 来制作动画。

A. Photoshop CS　　B. ASP　　C. PPT　　D. Premiere

21. （　　）制作 GIF 动画需要将表现的图一张一张做好。

A. Flash　　B. Word　　C. Excel　　D. Photoshop

22. 在 Photoshop 常用工具中，按 Ctrl+（　　）组合键可放大图像。

A. Tab　　B. +　　C. Alt　　D. 空格

23. Photoshop 中，在使用“套索工具”勾画选区的时候按住（　　）键可以在“套索工具”和“多边形套索工具”间切换。

A. 空格　　B. Shift　　C. Alt　　D. Tab

24. 网页底纹处理属于（　　）在网页设计制作中应用的。

A. Flash　　B. Word　　C. Excel　　D. Photoshop

25. Flash 动画是以（　　）为基础的帧动画。

A. 时间线　　B. 层　　C. 位图　　D. 符号

26. 关于动画的分类，说法错误的是（　　）。

A. 动画的分类没有一定的规律　　B. 动画可以分为传统动画和计算机动画

C. 动画的分类有一定的规律　　D. 动画可以分为平面动画和三维动画

27. 按照播放效果来分，动画可以分为（　　）。

A. 逐帧动画　　B. 矢量动画　　C. 平面动画　　D. 顺序动画

28. Flash Player 主要播放（　　）。

A. 逐帧动画　　B. 矢量动画　　C. 平面动画　　D. 位图动画

29. 在 Flash 中，可以通过（　　）进行对动画的控制。

A. 层　　B. 符号

C. 位图　　D. 时间线和时间面板

30. 在 Flash 中，可以通过拉动（　　）浏览动画。

A. 层　　B. 符号　　C. 位图　　D. 播放头

31. 在 Flash 中，（　　）也称为静态帧。

A. 空帧　　B. 关键帧　　C. 普通帧　　D. 过渡帧

32. 在 Flash 中，属于从空间的视觉效果上分类的是（　　）。

A. 逐帧动画　　B. 传统动画　　C. 顺序动画　　D. 三维动画

33. 在 Flash 中完成图片的动作设置后，按 Ctrl＋（　　）组合键可以测试影片。

A. Tab　　B. Enter　　C. Alt　　D. Shift

34. SWF 是 Flash 动画的（　　）名称。

A. 后缀　　B. 前缀　　C. 压缩　　D. 简称

35. Flash 中，“Alpha”可调大小的范围是（　　）。

A. 0～50％　　B. 0～100％　　C. 50％～100％　　D. 10％～100％

36. 使用（　　）通道可以将视频编码删除了背景而保存为透明背景的视频。

A. Alpha　　B. 插入关键帧

C. 制作按钮　　D. 创建补间动画

37. 在 Flash 中，新插入的层（　　）。

A. 总在上面　　B. 总在下面

C. 总在插入的地方　　D. 总在中间

38. 在 Flash 中，在编辑文本动画时插入的普通文本，不能做（　　）。

A. 淡入淡出　　B. 文字分离

C. 大小、颜色变化　　D. 位置移动、旋转效果

39. 在 Flash 中，（　　）不属于将文本转换为元件可以实现的效果。

A. 位置移动　　B. 旋转　　C. 颜色变化　　D. 拼合

40. Flash 常用快捷键中，插入空白帧是使用（　　）快捷键。

A. F5　　B. F6　　C. F7　　D. F8

41. 由于 Flash 生成的动画一般很小，所以调用的时候（　　）。

A. 速度很慢　　B. 速度很快　　C. 数值很高　　D. 数值很低

42. 在 FrontPage 系统中修改横幅上的文字，可以回到（　　），在结构图中修改网页标题。

A. 预览状态　　B. 导航状态　　C. 网页状态　　D. 超链接状态

43. 下列关于 Dreamweaver 的说法正确的是（　　）。

A. 只有页面制作的功能　　B. 操作烦琐

C. 功能比较小　　D. 可生成较好的动态效果

44. 在 Dreamweaver MX 中（　　）是事件菜单中的子菜单，用于指定当前行为在哪些浏览器中起作用。

A. 显示事件　　B. 转向 URL

C. 改变属性　　D. 获取更多行为

45. 在 Dreamweaver MX 中，在按钮属性面板上选择“提交表单”后，自动设置按钮的名称为（　　）。

A. 无内容　　B. 提交　　C. 重置　　D. 提交表单

46.（　　）是用来制作网页的标记语言。

A. HTML　　B. HTTP　　C. FTP　　D. CSS

47. 能够在客户端通过 Script 脚本语言控制实现动态效果的 HTML 技术称做（　　）。

A. DHTML　　B. ASP　　C. VBScript　　D. 网络交互

48. 所谓动态（　　），其实并不是一门新的语言，它只是 HTML，CSS 和客户端脚本的一种集成。

A. HTML　　B. ASP　　C. FTP　　D. Script

49. HTML 中表格内文本垂直对齐方式的属性值不包括（　　）。

A. top　　B. middle　　C. bottom　　D. center

50. 一条 HTML 标记是由尖括号和（　　）组成。

A. 程序语句　　B. 标记元素　　C. 指令　　D. 语法

三、多项选择题（选择一个或多个正确的答案，将相应的字母填入题内的括号中）

1. 以下属于网络信息发布系统的主要功能的是（　　）。

A. 内容管理系统　　B. 广告发布与管理系统

C. 论坛管理系统　　D. 网上调查系统

E. 管理控制系统

2. 通常一个网络信息发布系统主要包括（　　）。

A. 管理控制系统　　B. 内容管理系统

C. 信息查询系统　　D. 论坛管理系统

E. 网上调查系统

3. 在信息发布系统中，签发编辑可以完成（　）的工作。

A. 签发稿件　　B. 退回稿件

C. 设置栏目权限　　D. 删除稿件

E. 参数配制

4. 信息发布系统的基本操作包括（　　）。

A. 信息发布系统的登录　　B. 稿件编辑系统的使用

C. 稿件的传送　　D. 专题的制作

E. 其他操作

5. 网页传播质量指的是（　　）。

A. 能否被用户接受　　B. 能否快速地阅读

C. 能否有效地使用　　D. 能否快速地使用

E. 能否有效地阅读

6. 以下属于音频文件格式的是（　　）。

A. *.wav　　B. *.tga

C. *.aif　　D. *.au

E. *.mp3

7. JavaScript 的出现，使得信息和用户之间不仅只是一种显示和浏览的关系，而且实现了（　　）能力。

A. 实时的　　B. 延时的

C. 静态的　　D. 动态的

E. 交互的

8. 在 Java Applet 中可以实现（　　）等功能。

A. 图形绘制　　B. 字体和颜色控制

C. 动画和声音的插入　　D. 人机交互

E. 网络交流

9. 下列关于JPEG格式的描述，正确的是（　）。

A. JPEG格式与GIF格式相比，在压缩成同样大小的文件时，JPEG格式的图像质量要远远高于GIF格式的图像

B. JPEG格式通过减少图像中的数据达到压缩图像的文件大小的目的，这是一种有损压缩

C. JPEG格式文件压缩程度越大，图像文件越小，图像质量越低，这时图像将产生模糊感，并且产生许多噪点

D. JPEG图像能够控制图像的透明度

E. JPEG图像不能够控制图像的透明度

10. 在素材采集的过程中，应尽量采集像素高的图片。这是因为在（　　）操作时，通常会有不同程度的失真，从而影响使用效果。

A. 对图片进行放大　　B. 对图片进行剪辑

C. 用压缩软件对图片进行压缩　　D. 保存图片

E. 拷贝图片电子文档

11. 在Photoshop中，对图片可以进行的操作是（　　）。

A. 裁剪　　B. 拼合

C. 截取　　D. 压缩

E. 变色

12. 在Photoshop中，对Action描述正确的是（　）。

A. 批处理　　B. 任务自动化

C. 复制　　D. 简化操作

E. 组合多个命令

13. 在Photoshop中，关于滤镜的描述正确的是（　　）。

A. 滤镜是Photoshop中功能最丰富、效果最奇特的工具之一

B. 滤镜是通过不同的方式改变像素数据，以达到对图像进行抽象、艺术化的特殊

处理效果

C. 通过滤镜，只要简单操作就能做出专业的效果

D. 滤镜操作一下就能体会到它的奥秘

E. Photoshop 包含多个滤镜命令

14. 关于使用 Photoshop 制作 GIF 动画，描述正确的是（ ）。

A. 制作好一张一张要表现的图　　B. 设置好图片的先后顺序

C. 设置好补间动画　　D. 设置好渐变动作

E. 设置好图片之间的时间间隔

15. 在 Photoshop 中，勾画选区的时候，下列说法正确的是（ ）。

A. 按住空格键可以移动正在勾画的选区

B. 按住 Enter 键可以移动正在勾画的选区

C. 按住 Shift 键或 Alt 键可以增加或修剪当前选区

D. 同时按下 Shift 和 Alt 键可以选取两个选区中相交的部分

E. 使用“选择”→“重新选择”命令或 Ctrl＋Shift＋D 组合键来载入恢复之前的选区

16. 在 Photoshop 中，勾画选区的时候，下列说法错误的是（ ）。

A. 按住空格键可以移动正在勾画的选区

B. 按住 Enter 键可以移动正在勾画的选区

C. 按住 Tab 键可以移动正在勾画的选区

D. 按住 Shift 键或 Enter 键可以增加或修剪当前选区

E. 同时按下 Shift 和 Alt 键可以选取两个选区中相交的部分

17. 目前常用的动画格式包括（ ）。

A. SWF　　B. MBP

C. GIF　　D. AVI

E. ASP

18. 关于动画播放软件的说明，正确的是（ ）。

A. Flash Player 主要播放矢量动画

B. Internet Explorer 可以播放 SWF 格式动画

C. Media Player 主要播放视频动画

D. Internet Explorer 可以播放位图格式动画

E. Flash Player 可以播放 AVI 格式动画

19. 学习 Flash，就要理解 Flash 最基本的概念，包括（　　）。

A. 帧　　B. 层

C. 时间线　　D. 符号

E. 实例

20. Flash 动画可以分为（　　）。

A. 逐帧动画　　B. 过渡动画

C. 形状渐变动画　　D. 关键动画

E. 运动渐变动画

21. 关于在 Flash 中插入声音，以下描述中正确的是（　　）。

A. 事件声音必须完全下载后才能开始播放

B. 音频流在前几帧下载了足够的数据后就开始播放

C. 可以使用“声音属性”对话框为单个声音选择压缩选项

D. 可以使用行为来加载和控制声音的回放

E. 可以使用动作动态地载入声音

22. 制作简单的 Flash 动画时，必需的步骤包括（　　）。

A. 新建元件　　B. 插入关键帧

C. 制作按钮　　D. 创建补间动画

E. 向帧添加动作

23. Flash 中，关于“工具”面板的说法正确的是（　　）。

A. “工具”区域包含绘图、上色和选择工具

B. “视图”区域包含在应用程序窗口内进行缩放和移动的工具

C. “颜色”区域包含用于笔触颜色和填充颜色的功能键

D. 选项区域显示用于当前所选工具的功能键

E. 功能键影响工具的上色或编辑操作

24. 关于层的描述，下列选项中正确的是（　　）。

A. 层是时间线的部分

B. 在不同层上编辑不同的动画而互不影响，并在放映时得到合成的效果

C. 当把一层移到另一层的上边或下边时，层的内在堆叠顺序不会改变

D. 当把一层移到另一层的上边或下边时，层的内在堆叠顺序会改变

E. 可以直接添加运动引导层

25. 在 Flash 中，将文本转换为元件，可以实现（　　）效果。

A. 位置移动　　B. 旋转

C. 颜色变化　　D. 拼合

E. 混合

26. Flash 的优点有（　　）。

A. 基于矢量的图形系统　　B. 一次性插件安装

C. 可以制作动画　　D. 非常适合在网络上使用

E. 图像放大不会降低画面质量

27. 在 FrontPage 网页编辑中文本的插入形式有（　　）。

A. 直接输入　　B. 复制字符块

C. 插入文档　　D. 插入字符

E. 链接字符

28. Dreamweaver 的优点主要表现为（　　）。

A. 具有页面制作与站点管理的双重功能　　B. 操作简便

C. 功能强大　　D. 可生成较好的动态效果

E. 生成 HTML 源代码简洁

29. WWW 的优点有（　　）。

A. 多媒体方式　　B. 超链接

C. 用户界面友好　　D. 用户界面易用

E. 用户界面简单

30. 关于 HTML，说法正确的是（　　）。

A. 组成 HTML 语言的命令称为标记或者标签，英文为 tag

B. 一条 HTML 标记是由尖括号和里面的标记元素组成

C. 标记分成包容标记和空标记两种

D. 一般把 HTML 标记分成三大类：格式元素、文档结构元素和页面框架元素

E. 空标记可以带属性，也可以不带属性

31. 关于 DHTML 的特点，描述正确的是（　　）。

A. 可以显示动态内容　　B. 可以实现样式的动态显示

C. 只可以实现二维显示　　D. DHTML 的意思就是动态 HTML 语言

E. 不可以实现二维显示

32. 在 HTML 语句中，实现表单数据传送到服务器端的方式有（　　）。

A. Download　　B. Get

C. Post　　D. Upload

E. URL

第4部分

操作技能复习题

内容编辑

一、信息筛选（试题代码①：1.1.1～1.1.10；规定用时：15 min）

1. 试题单

(1) 操作条件

1) 服务器和考试机预装网络信息发布系统，并根据要求预先设置一级栏目、二级栏目和已发布文章。

2) 在考试机中预设素材文件夹“素材库”②，文件夹内包含现场考试素材。

(2) 操作内容

1) 登录网络信息发布系统。

2) 依据栏目名称，选择合适稿件，正确发布至指定栏目。

3) 将指定稿件发布至指定栏目，结合给定素材选择正确的关键字，依据选择的关键字，挑选合适的素材作为指定稿件的相关链接。

(具体操作内容详见素材)

(3) 操作要求

---

① 试题代码表示该试题在操作技能考核方案表格中的所属位置。左起第一位表示项目号，第二位表示单元号，第三位表示在该项目、单元下的第几个试题。

② 素材库内容在考核时给出。本手册操作技能复习题公布题干，不公布素材库。

1）根据指定栏目标题，从“素材库”文件夹的指定一组稿件中选 1 篇合适的稿件发布至指定栏目。

2）在“素材库”中找出指定的一份稿件，发布到指定栏目下，并根据“素材库”文件夹中一组指定素材的内容，在已给出的关键字选项中，按要求选择正确的关键字，输入关键字框，并操作系统从关键字匹配结果素材中选出合适的素材，作为新发布的指定稿件的相关链接。

（具体操作要求见素材）

2. 评分表

试题编号及名称		1.1.1～1.1.10　信息筛选		鉴定时限	15 min
编号	评分要素	配分	分值	评分标准	实际得分
1	素材选择正确，栏目发布正确，发布成功	3	3	素材选择正确，发布栏目正确，发布成功，得 3 分 任何环节错误，得 0 分	
2	栏目发布正确，发布成功	1	1	指定稿件正确发布到指定栏目，发布成功，得 1 分 任何环节错误，得 0 分	
	关键字选择正确	3	3	关键字选择正确，素材搜索操作正确，得 3 分 任何环节错误，得 0 分	
3	选择链接内容合适，设置相关链接正确	3	3	选择链接内容与新发布文章内容匹配合适，数量 3 篇，以建立相关链接成功为准，全部正确，得 3 分 每正确完成 1 个，得 1 分	
合计配分		10	合计得分		

二、内容加工（试题代码：1.2.1～1.2.5；规定用时：30 min）

1. 试题单

（1）操作条件

1）服务器和考试机预装网络信息发布系统，并根据要求预先设置一级栏目、二级栏目和已发布文章。

2）在考试机中预设素材文件夹“素材库”，文件夹内包含现场考试素材。

（2）操作内容

1）对指定素材文件挑出错误并改动。

2）对指定素材提炼内容摘要，并将内容摘要发布至指定栏目。

3）将指定素材发布到指定栏目下，并将给定素材以超链接方式嵌入合适位置，标明超链接位置。

（3）操作要求

1）考生在指定位置建立“考生文件夹”。（文件夹命名：“网络编辑员 3 级_准考证号_姓名”）

2）将答题所需文件从“素材库”文件夹拷贝至考生文件夹中。

3）仔细检查“素材库”文件夹内指定素材稿件，请挑出其中 5 处错别字或语病，改错并将改动之处用红色标出，以指定文件名保存至“考生文件夹”。

4）认真阅读给定素材文件，按后附的框架，在给定的选项中选出合适内容选项，将序号填写入“（　　）”内，组成内容摘要，将其发布至指定栏目中。

5）将“素材库”文件夹内指定文件发布至指定栏目，并将已发布在栏目内的文章以超链接的方式嵌入新发布稿件的合适位置，标明超链接位置。

2. 评分表

试题编号及名称		1.2.1～1.2.5　内容加工		鉴定时限	30 min
编号	评分要素	配分	分值	评分标准	实际得分
1	挑选出错别字和语法错误并改正	5	5	每正确挑选 1 处并正确改正，得 1 分	
2	用给定词句内容，选择、排列，组成内容摘要，栏目发布操作正确	15	15	全部选择、排列正确，发布栏目正确，操作成功，得 15 分 错 1 处及以上，每正确 1 处得 1 分	
3	选择指定稿件正确，发布栏目正确，操作成功	1	1	选择指定稿件正确，发布到指定栏目正确，操作成功，得 1 分	
4	链接设置正确	4	4	链接设置全部正确，得 4 分 链接错误 1 处及以上，每正确 1 处得 1 分	
合计配分		25	合计得分		

三、内容原创（试题代码：1.3.1～1.3.5；规定用时：20 min）

1. 试题单

（1）操作条件

1）服务器和考试机预装网络信息发布系统，并根据要求预先设置一级栏目、二级栏目和已发布文章。

2）在考试机中预设素材文件夹“素材库”，文件夹内包含现场考试素材。

（2）操作内容

依据给定素材，组合一篇评论，选择合适标题，发布至指定栏目，将给定图片插入评论中并在首页显示。

（3）操作要求

1）阅读理解“素材库”文件夹内指定的一组素材，根据“素材库”文件夹内指定文件给定的标题选项和内容选项，使用网络信息发布系统中的稿件编辑器，组合完成一篇评论文章发布到指定栏目，文章要求 200 字左右。

2）将“素材库”文件夹内包含的指定图片文件，加入到完成的评论稿件，并在首页显示该图片。

2. 评分表

试题编号及名称		1.3.1～1.3.5　内容原创			鉴定时限	20 min
编号	评分要素	配分	分值	评分标准		实际得分
1	选择标题	2	2	标题选项选择正确，得 2 分 选择错误，得 0 分		
	组合文章	10	10	内容选择、排列全部正确，得 10 分 每错 1 处扣 2 分，错 5 处及以上得 0 分		
	插入图片	1	1	完成图片插入，得 1 分 未完成，得 0 分		
	首页显示图片	1	1	图片在首页显示成功，得 1 分 显示不成功，得 0 分		
	栏目发布正确	1	1	正确发布到指定栏目，操作成功，得 1 分 栏目发布错误或未发布，得 0 分		
合计配分		15	合计得分			

组织互动

一、受众调查（试题代码：2.1.1～2.1.5；规定用时：5 min）

1. 试题单

（1）操作条件

服务器和考试机预装网络信息发布系统。

（2）操作内容

调查标题正确发布，选择合适的选项发布。

（3）操作要求

请在网络信息发布系统“受众调查”中设置一个调查：题目是指定题目，并在给出的投票选项中，选出 3 项合适的选项，作为本项调查问卷的问题选项，并将所选的选项序号及内容一起填入系统所给的选项框中。

（指定题目和给出选项见指定素材文件）

2. 评分表

试题编号及名称		2.1.1～2.1.5　受众调查			鉴定时限	5 min
编号	评分要素	配分	分值	评分标准		实际得分
1	标题发布正确	2	2	标题设置正确，发布操作正确，得 2 分		
	选项发布正确	3	3	选择选项，每正确 1 项得 1 分		
合计配分		5		合计得分		

二、论坛管理（试题代码：2.2.1～2.2.5；规定用时：20 min）

1. 试题单

（1）操作条件

1）服务器和考试机预装网络信息发布系统。

2）预设模拟论坛模块，按要求在论坛下预设栏目及栏目下文章。

3）按素材要求在论坛预设非管理员用户（密码无需给出）。

4）在考试机中预设素材文件夹“素材库”，文件夹内按要求预设素材文件。

（2）操作内容

1）将给出的素材发布到指定论坛栏目中。

2）在指定栏目下找出与主题不符的帖子，并正确转移。

3）在指定栏目下寻找不适合发表的帖子，并删除。

4）正确修改论坛用户名权限。

（3）操作要求

1）请考生以管理员身份（已存在，不需注册）登录论坛。管理员用户名为 admin，密码为 admin。

2）将“素材库”文件夹内指定文件内容发至论坛指定栏目中。

3）在论坛指定栏目下现有帖子中，寻找与其所在主题不符的帖子，并转移至与其主题符合的栏目下。

4）在论坛指定栏目下找出不适合发表的帖子并删除。

5）将论坛指定用户名提升权限为指定栏目版主，且其他用户名权限不变。

2. 评分表

试题编号及名称		2.2.1～2.2.5　论坛管理			鉴定时限	20 min
编号	评分要素	配分	分值	评分标准		实际得分
1	素材发布至正确栏目	2	2	将给定素材发布到指定论坛栏目下，操作成功，得2分 错误或不成功，得0分		
2	正确选择帖子并转移	3	3	选择正确，并转移操作成功，得3分 任何环节错误，得0分		
3	正确删除帖子	2	2	选择帖子正确，并删除操作成功，得2分 任何环节错误，得0分		
4	修改论坛用户名权限	3	2	按要求修改指定用户名权限操作成功，得2分 任何环节错误，得0分		
			1	其他用户名权限没有变化，得1分 任何环节错误，得0分		
合计配分		10	合计得分			

网页实现

一、网页制作（试题代码：3.1.1～3.1.5；规定用时：30 min）

1. 试题单

（1）操作条件

考试机安装 Office 2003（或以上版本）、Dreamweaver（MX 2004 或以上版本）、PhotoShop 7.0（或以上版本）软件，在考试机中预设素材文件夹“素材库”，文件夹内按要求预设素材文件。

（2）操作内容

1）按要求处理给定的图片。

2）在指定位置建立 Index. htm 页面，网页的标题设置为指定标题。

3）按要求设置 Web 页面，按要求设置 Web 页面背景色。

4）按要求对给定 CSS 样式正确修改，并插入指定位置。

5）在 Web 页面新建表格，按要求设置、修改表格，按要求修改单元格背景。

6）按要求完成在 Web 页面插入多媒体元素、设置文章标题、插入水平线并设置文本、设置单元格及插入文本、插入图片设置、背景设置和文本插入等项操作。

（3）操作要求

1）考生在指定位置建立“考生文件夹”。（文件夹命名：“网络编辑员 3 级_准考证号_姓名”）

2）复制“素材库”文件夹内指定素材到“考生文件夹”。

3）在“考生文件夹”内新建一个 Web 页面，将其命名为 Index. htm，网页的标题设置为指定标题。

（具体操作要求见素材）

2. 评分表

试题编号及名称		3.1.1～3.1.5 网页制作		鉴定时限	30 min
编号	评分要素	配分	分值	评分标准	实际得分
1	对给定图片进行正确处理	2	2	按要求完成处理图片，操作成功，得 2 分 处理不符要求或操作未完成，得 0 分 文件另存为 photo _ 1. jpg	
2	在指定位置建立“Index. htm”页面，网页的标题设置为指定标题	2	1	在“网络编辑员 3 级 _ 准考证号 _ 姓名”文件夹下建立名为“Index. htm”的页面	
			1	内含＜title＞（指定标题）＜/title＞代码	
3	CSS 样式正确修改，插入正确位置	4	2	字体修改符合要求	
			2	修改后的样式表代码放在＜head＞…＜/head＞之间：＜head＞＜style＞样式代码＜/style＞＜/head＞	
4	正确设置 Web 页面，正确设置 Web 页面背景色	4	2	HTML 代码中 body 项与对应的各项要求符合	
			2	背景色 bgcolor＝指定色值	
5	新建表格，正确修改表格，正确修改单元格背景	8	2	正确建立表格	
			2	HTML 标签 TABLE 项与要求各项应符合	
			2	表格修改操作，代码中有明确显示	
			2	单元格背景色修改操作，代码中有明确显示	
6	图片填充正确，素材插入并设置正确，文章标题设置正确，内容背景设置正确	15	2	图片填充背景符合要求并操作成功，代码中包含 background＝“指定图片素材”	
			2	单元格设置符合要求，并操作成功	
			2	表格设置符合要求，操作成功	
			4	插入图片、文字或多媒体素材符合要求并操作成功 操作未完成或与要求不符，酌情减分	
			3	标题等文本设置与要求相符，字体设置正确，操作成功 操作未完成或与要求不符，酌情减分	
			2	正确设置背景色	
合计配分		35		合计得分	

第 5 部分

理论知识考试模拟试卷及答案

网络编辑员（三级）理论知识试卷

注 意 事 项

1. 考试时间：90 min。
2. 请首先按要求在试卷的标封处填写您的姓名、准考证号和所在单位的名称。
3. 请仔细阅读各种题目的回答要求，在规定的位置填写您的答案。
4. 不要在试卷上乱写乱画，不要在标封区填写无关的内容。

	一	二	三	总分
得分				

得分	
评分人	

一、判断题（第 1 题～第 40 题。将判断结果填入括号中。正确的填“√”，错误的填“×”。每题 0.5 分，满分 20 分）

1. 我国现行的法律制度在人大监督、司法审查、法律冲突、司法独立等方面存在着瑕疵，这些瑕疵正成为我们建设法治国家的障碍。（　）

2. 同许多国家的新闻法一样，我国新闻法制也有若干禁止传播的规定，以防范新闻传

播活动“为人民和国家服务”。（ ）

3. 转载报道党和政府及有关领导机关的重大决策、方针属于网络传播失实问题。（ ）

4. 舆论是“公众关于现实社会以及社会中的各种现象、问题所表达的信念、态度、意见和情绪表现的总和，具有相对的一致性、强烈程度和持续性，对社会发展及有关事态的进程产生影响。”（ ）

5. 以马列主义、毛泽东思想、邓小平理论为指导是舆情信息工作的方针原则之一。（ ）

6. 远程报告也是舆情信息报告的报送方式之一。（ ）

7. 操作系统的功能，从资源管理的观点出发，可归纳为 CPU 管理、芯片管理、声卡管理、显卡管理。（ ）

8. 病毒通常通过打印机、计算机网络、显示器等途径进行传播。（ ）

9. 句子“2004 年 6 月 11 日，湖北省孝感市中级人民法院经过公开开庭审理，对这起煽动颠覆国家政权案进行公开宣判，以煽动颠覆国家政权罪，判处杜导斌有期徒刑 3 年。”中所有的用语都是正确的。（ ）

10. 就业能力衡量尺度的平衡，即社会对公民的劳动行为能力要以同一标准进行衡量。（ ）

11. 用人单位对劳动者进行职业培训，都需要收取一定的费用。（ ）

12. 著作权人可以禁止或许可：以各种形式对各种著作进行重制，例如以印刷或录音的方式重制语文著作或音乐著作。（ ）

13. 国际上对国际联网实行的原则是分级管理、促进发展、站站合作。（ ）

14. 即使时效性太差，信息的可使用性也不一定就差。（ ）

15. 通常网站的频道或栏目主要是采用归类的方式进行分类的。（ ）

16. 文章的文采是对新闻内容进行分类时的重要的依据。（ ）

17. 网民通过电子邮件或论坛转发自己认为好的或有意义的新闻，使新闻扩散，从而实现增值。（ ）

18. 聊天的过程是个即时的信息发布过程。（ ）

19. 稿件中出现辞章性错误的原因包括捕风捉影、东拼西凑、无中生有、主观想象、夸大事实。（　）

20. 对于可改可不改的内容，尽量对它进行修改，以达到语句更为通顺、更加流畅的目的。（　）

21. 主题、副题都是网络稿件多级阅读的起点。（　）

22. 网络新闻标题通常采用实题和复合型标题。（　）

23. 将多篇文章整合成一篇新的文章时，文章的主体部分要按照倒金字塔方式。（　）

24. 新闻的显著性指的是新闻人物的知名度。（　）

25. 记者通过显性采访得到的往往是比较真实的第一手材料，可信度高，说服力强。（　）

26. 目击采访是运用视觉进行直接观察的采访方式。（　）

27. 电子邮件是一种有明确格式规定，必须要按部就班的书面交流方式。（　）

28. 消息一般都采用特殊的结构方式，这种方式被称为“倒金字塔式”。（　）

29. 新闻背景也是消息组成的一部分。（　）

30. 分散插入导语中的方法也是消息中背景常见的方式之一。（　）

31. 对声音的特点及作用描述正确的是：它是较复杂的、难以修改的、不可重复的。（　）

32. 特写也是摄影的景别之一。（　）

33. 声音也是影像镜头组接时的依据。（　）

34. 网民在网吧的上网费用也是网民上网行为的调查内容。（　）

35. 提交专业人员、提交调查公司都是进行调查数据处理的方式之一。（　）

36. 作为论坛版主，必须具有高超的计算机技术。（　）

37. 版主、主持人、管理员、网管、注册会员等角色都属于论坛参与者。（　）

38. 新手在建立博客时应注意：写日志的时候，如果没有写完或还不想上传时，应将日志保存为草搞，待以后再继续写或发布。（　）

39. 信息发布系统的基本操作的内容包括操作界面构成和权限、进行稿件的传送、进行专题的制作、其他操作。（　）

40. PSD 不是 Macintosh 和 PC 机上使用最广泛的位图格式。（　　）

得分	
评分人	

二、单项选择题（第 1 题～第 120 题。选择一个正确的答案，将相应的字母填入题内的括号中。每题 0.5 分，满分 60 分）

1. 网络编辑职业道德有提升网络编辑工作的（　　）的功能。

A. 社会地位　B. 公共地位　C. 国家地位　D. 个人地位

2. 宪法是法的组成部分，它集中反映各种政治力量的实际对比关系，确认革命胜利成果和现实的民主政治，规定国家的（　　），即社会制度、国家制度的原则和国家政权的组织以及公民的基本权利义务等内容。

A. 基本任务和基本制度　B. 根本任务和根本制度

C. 基本纲领和基本目标　D. 根本纲领和根本目标

3. （　　）是保障新闻传播活动中的社会公共利益和公民、法人的有关合法权益，调整新闻传播活动中各种法律关系的法律规范的总称。

A. 宪法　B. 民法　C. 新闻法　D. 传播法

4. 网络新闻传播失实的主要原因不包括（　　）。

A. 过分追求速度和时效，而忽视了信息的真实性

B. 信息海量，没有办法一一核实

C. 明知信息的不真实性，而故意为之

D. 报道真实、准确、及时

5. 在我国（　　）中有"煽动国家分裂的和以造谣、诽谤或者其他方式煽动颠覆国家政权和推翻社会主义制度"的行为构成危害国家安全罪的规定，其中"其他方式"，包括新闻宣传的方法。

A.《宪法》　B.《民法》　C.《行政法》　D.《刑法》

6. 除了（　　）规定香港居民"享有言论、新闻、出版……的自由"之外，我国法律还没有使用"新闻自由"这个概念。

A.《宪法》

B.《香港特别行政区基本法》

C.《中华人民共和国民族区域自治法》

D.《关于内地与澳门特别行政区相互认可和执行仲裁裁决的安排》

7. 下列选项中的内容，（　　）不属于网络传播失实的具体形式。

A. 凭空捏造，无中生有，发布没有发生过的人或事

B. 照抄照写，以讹传讹，任意传播未经分析校对的信息

C. 合理想象，夸大渲染，基本事实是真的，细节描写是假的

D. 为扩大影响，招徕读者，未经他人同意便在网络上宣扬他人隐私

8. 网络传播危害国家安全和社会秩序的行为主要有网络泄密和（　　）两种。

A. 网络侵权　　B. 网络失实　　C. 网络诈骗　　D. 网络煽动

9. 广义的舆情就是（　　）。

A. 社会反映　　B. 民众反映　　C. 社会政治　　D. 社情民意

10. 下列选项中，不属于网上舆情的基本特点的是（　　）。

A. 快捷性　　B. 互动性　　C. 无界性　　D. 复杂性

11. 从新闻和信息传播角度看，（　　）被视为功能强大的新媒介。

A. 局域网　　B. 互联网　　C. 多媒体　　D. 视频

12. 网上舆情一般是（　　）的，由于发表言论的个体之间存在差异，对同一件事情的态度、情绪往往各不相同。

A. 群发性　　B. 自发性　　C. 积极性　　D. 消极性

13. 与一般社会舆情相比，（　　）不是网上舆情具有的基本特点。

A. 开放性　　B. 丰富性　　C. 快捷性　　D. 特殊性

14. 影响网上舆情的主要因素不包括（　　）。

A. 现实社会环境　　B. 网络社会环境

C. 媒体信息环境　　D. 网络编辑人员

15. 网上舆情与社会舆情的联系不包括（　　）。

A. 社会舆情和网上舆情具有共同的社会基础

B. 社会舆情是网上舆情的重要体现

C. 网上舆情是社会舆情的重要体现

D. 网上舆情与社会舆情相互影响

16. （　　）与社会舆情的差异，包括传播渠道不同、舆情主体不同、传播效应不同等。

A. 网上舆情　　B. 网上舆论　　C. 网上新闻　　D. 信息

17. 舆情信息工作的基本要求不包括（　　）。

A. 真实准确　　B. 及时快捷　　C. 合理合法　　D. 全面客观

18. 关系国家民族利益的事件都属于（　　）的典型案例。

A. 网上基本舆情　　B. 网上特殊舆情

C. 网上主要舆情　　D. 网上热点舆情

19. 舆情信息的撰写要求不包括（　　）。

A. 主题鲜明　　B. 立意新颖　　C. 结构合理　　D. 文笔优美

20. 下列选项中，属于舆情信息报告报送程序的是（　　）。

A. 传阅　　B. 审批　　C. 修改　　D. 公开

21. 下列选项中，不属于计算机的应用范围的是（　　）。

A. 科学计算　　B. 数据处理　　C. 过程控制　　D. 3G 系统

22. 多媒体的关键特性不包括（　　）。

A. 集成性　　B. 交互性　　C. 实时性　　D. 沟通性

23. 在 Windows XP 操作系统中，以下文件需要安装相应软件后才可以通过双击运行的有（　　）。

A. *.exe　　B. *.mp3　　C. *.avi　　D. *.txt

24. 在 Windows XP 操作系统中，要修改用户的用户变量时，具体操作步骤不包括（　　）。

A. 打开“系统属性”对话窗口　　B. 单击“高级”选项卡

C. 进入“环境变量”设置窗口　　D. 打开“IE 浏览器”

25. 下列选项中，（　　）可能不是计算机病毒发作的表现。

A. 系统正在运行一个叫 System Idle Process 的程序

B. 系统不承认磁盘或者硬盘不能正常引导系统

C. 程序或数据突然消失，或者磁盘被格式化

D. 系统启动异常或频繁死机

26. 下列选项中，不是按照感染方式分类的病毒是（　　）。

A. 引导型病毒　　B. 文件型病毒　　C. 木马病毒　　D. 混合型病毒

27. URL（Uniform Resource Locator）即统一资源定位器，它是一种易于理解的字符串，用来识别互联网资源的位置，并包括接受它的协议。它的组成部分不包括（　　）。

A. 客户与服务器之间所使用的协议　　B. 客户端的域名

C. 存放信息的服务器的域名　　D. 存放信息的路径和文件名

28. 下列选项中，说法错误的是（　　）。

A. “地”字用在作状语的词或词组之后

B. 具有介词义“相似”“比如”时，应该使用“像”字

C.“其他”与“其它”音义相同，现在凡使用这两个词的地方，一般用“其它”而不用“其他”

D. “安度晚年”应该用“度”字而不是“渡”字

29. 下列选项中的说法，正确的是（　　）。

A. 逗号用于句子内部并列词语之间的停顿

B. 句子内部主语与谓语之间如需停顿、动词与宾语之间如需停顿、状语后边如需停顿，用逗号

C. 逗号用于复句内部并列分句之间的停顿

D. 在长句子中，逗号可以用顿号代替

30. 下列选项中的名称表达正确的是（　　）。

A. 中国与台湾　　B. 英国布莱尔总统

C. 俄国十月革命　　D. 出口港、澳、台

31. 一些稿件所涉及的事实可能是不真实的甚至是完全捏造的，发现此类内容错误的有效方法是（　　）。

A. 分析法　　B. 替代法　　C. 比较法　　D. 推理法

32. 劳动就业的原则中，（　　），即劳动者的就业资格是平等的，不因民族、种族、性

别、宗教信仰不同而受歧视。

A. 就业资格的平等　　　　　　B. 劳动资格的平等
C. 劳动待遇的平等　　　　　　D. 劳动者的人身平等

33. 以下关于休假时间的说法正确的是（　　）。

A. 工作日内给予劳动者休息和吃饭的时间，一般为 1～2 小时，最少不得少于 45 分钟
B. 我国法定公休假日是星期六和星期天
C. 年休假是每个员工都可以享有的权利
D. 休假可以按自己意愿调整

34. 以下关于劳动者特殊保护规定的说法不正确的是（　　）。

A. 对于怀孕的女性，不得安排其延长工作时间和夜班劳动
B. 禁止安排女职工从事矿山井下作业
C. 对于年满 16 周岁但未满 18 周岁的未成年工，用人单位应当定期进行健康检查
D. 女职工生育享受不少于 90 天的产假

35. 自员工进公司当月起，公司为其办理（　　）。

A. 财产保险　　B. 医疗保险　　C. 人寿保险　　D. 人身意外保险

36. 著作权包括（　　）。

A. 著作人身权　　B. 著作生命权　　C. 著作指挥权　　D. 著作的期限

37. 作者甲将其创作的一部小说交乙出版社出版，但双方始终未签订出版合同，事后，该作者又与丙出版社签订了专有出版合同，将此书交丙出版。现乙对丙提出异议。本案依法应是（　　）。

A. 甲的行为属一稿多投，侵犯了乙的权利
B. 丙明知乙已出版此书，仍与甲签订出版合同，属侵权行为
C. 甲一稿多投并不违法，乙不签订出版合同有悖于著作权法的要求
D. 甲一稿多投并不违法，乙和丙可以共同出版

38.（　　）全国人民代表大会常务委员会第十九次会议通过《全国人民代表大会常务委员会关于维护互联网安全的决定》。

A. 第三届　　B. 第六届　　C. 第九届　　D. 第十届

39. 上网用户使用（　）系统，应当遵守法律、法规，并对所发布的信息负责。

A. 电子公告服务　　B. 电子布告服务

C. 电子论坛服务　　D. 留言板服务

40. 根据国家有关规定，综合性商业网站如果要登载新闻，合法的新闻来源是（　）。

A. 国内新闻媒体网站　　B. 国外新闻媒体网站

C. 专业网站　　D. 任何商业网站

41. 真实性的另一面就是（　）。

A. 单一性　　B. 定向性　　C. 准确性　　D. 可靠性

42. 一个事件是过去发生的，但是新近才发现或披露出来，为了使与它有关的报道显得更有时效性，可以通过加入（　）的方法来弥补。

A. 信息的来源　　B. 导语　　C. 背景　　D. 主题

43. 网络信息要具备（　），首先要求信息本身是真实的。

A. 真实性　　B. 实用性　　C. 可靠性　　D. 统一性

44. 新闻应是时间上最新的报道，其公开发布应尽可能接近事实本身，是以稿件发表后的（　）为中心形成的经济体系。

A. 经济效益　　B. 民众影响　　C. 危害程度　　D. 社会效果

45. 为了实现网站的传播目的，网络编辑对（　）进行加工处理的一个重要工作步骤是稿件归类。

A. 稿件　　B. 信息　　C. 资料　　D. 素材

46. 下列选项中，不属于以稿件的来源为指标对网站频道或栏目进行分类的是（　）。

A. 人民网的“人民数据”　　B. 新华网的“新华图片”

C. 千龙网的“千龙视野”　　D. 搜狐网的“搜狐博客”

47. 在确定关键词时，应当考虑的因素不包括下列选项中的（　）。

A. 人物的知名度及影响的重要程度　　B. 与自己的关注点相吻合

C. 读者的需求　　D. 读者的兴趣

48. 不同的编辑有不同的（　），所以负责的栏目也不同。

A. 技能特长　　B. 个人喜好　　C. 工作职能　　D. 职责范围

49. 下列选项中，不属于网络互动意义的表现的是（　　）。

A. 信息的传播者与接受者之间的交流更容易

B. 接受者参与新闻传播的可能性大大增强

C. 接受者与接受者之间的交流也得以增加

D. 信息在传播领域内信息流的多向性

50. 网民通过（　　）转发自己认为好的或有意义的新闻，使新闻扩散，从而实现增值。

A. 电子邮件或论坛　　B. 写信

C. 投稿　　D. 博客、播客

51. 网民参与各种形式的（　　），为新闻报道提供了一定的报道素材与背景。

A. 网络互动　　B. 网络调查　　C. 网络采访　　D. 网络参与

52. 下列选项中，可以对聊天信息进行较为深度的加工方式的基本思路是：（　　）和选准论题是关键。

A. 原始素材是基础　　B. 尊重原始素材，尽量不做改动

C. 对文字进行编辑，对内容进行审核　　D. 突出重点，加强条理

53. 下面选项中，不属于对嘉宾与网友的聊天信息进行整理的基本思路的是（　　）。

A. 以聊天的原始素材为基础　　B. 确定几个主要角度或论题

C. 围绕论题来重新整理对话记录　　D. 根据嘉宾对象决定是否采用

54. 下列选项中，属于辞章性错误的是（　　）。

A. 诗词引用时不准确　　B. 错误使用科学名词

C. 错别字　　D. 历史人物出错

55. 稿件中观点性错误常见的表现形式包括（　　）。

A. 稿件作者本身观念就有问题　　B. 无中生有

C. 随风转　　D. 拔高

56. （　　），就是用正确的内容代替错误的内容，有些内容如无法替代，可以直接删除。

A. 稿件的改正　B. 稿件的判断　C. 稿件的审核　D. 稿件的增减

57. 针对网站的特殊需要，将原有的稿件进行篇幅或角度方面的调整。这属于（　）。

A. 稿件的改正　B. 稿件的改写　C. 相对性修改　D. 稿件的增补

58. 消息中对新闻事实中最重要、最新鲜的内容进行摘要或归纳的方式叫做（　）。

A. 叙述式导语　B. 描写式导语

C. 评论或结论式导语　D. 设问式导语

59. 在复合型标题中，用以说明新闻中最重要的事实和内容的标题部分属于（　）。

A. 引题　B. 主题　C. 副题　D. 提要题

60. 内容提要介于标题与正文之间，它运用的主要场合包括（　）。

A. 在正文页的标题后出现　B. 在网站首页紧接标题出现

C. 在频道首页或栏目首页紧接标题出现　D. 在正文中每一段落前出现

61. 下列标题中采用了拟人化修辞手法的是（　）。

A.《热水器中毒猛如虎广东今冬有 14 人不幸丧生》

B.《中俄美新世纪将上演新版“三国演义”》

C.《电脑汉字不够用超大字库解难题——计算机也要“扫盲”了》

D.《昆明：“冷”假日催“热”新度假方式》

62. 下面的网络标题中没有采用粘连手法的是（　）。

A.《体彩摇出三个“没想到”》　B.《价高可摘“红樱桃”》

C.《审查“审出”一个好厂长》　D.《计算机也要“扫盲”了》

63. 关于超链接的说法，不正确的有（　）。

A. 用超链接对一些重要概念进行扩展

B. 用超链接改变传统的写作模式

C. 超链接打破了传统消息文本的线性结构

D. 超链接使得网络信息之间的联系得以减小

64. 利用超链接设置延伸性阅读，这种延伸性阅读不包括（　）。

A. 相关文章　B. 跟帖　C. 关键词　D. 评论

65. 关于加入超链接的量与度，要考虑（　）、形势与局势的变化等外部因素。

A. 读者对象的层次　　B. 超链接的内容

C. 超链接设置的位置　　D. 超链接打开的方式

66. 新闻的（　　）是指事实在时间上是新近发生的，在内容上是人们所知的新鲜事。

A. 报道性　　B. 时新性　　C. 创造性　　D. 真实性

67. 一般来说，对大自然的轶闻趣事的报道都具有（　　）。

A. 规律性　　B. 趣味性　　C. 客观性　　D. 循环性

68. 下面选项中，不属于新闻敏感的特点的是（　　）。

A. 快捷　　B. 准确　　C. 简练　　D. 灵活

69. （　　）是指记者和其他新闻工作者，为完成报道任务或了解某些情况，围绕采集新闻事实材料而进行的一项特殊的调查研究活动。

A. 新闻采访　　B. 实材整理　　C. 信息采集　　D. 资料收集

70. 记者向采访对象开门见山提出问题的提问方式一般不适用于（　　）。

A. 记者面对较为熟悉的采访对象

B. 采访时间比较紧张

C. 记者面对有相当社交经验和社会阅历的采访对象

D. 记者面对不愿作答的采访对象

71. 在准备采访提纲时，（　　）不属于应该注意提问的循序渐进的方式。

A. 由近到远　　B. 由易到难　　C. 由表到里　　D. 由多到少

72. 可分为观察采访和视觉采访的是（　　）。

A. 面对面采访　　B. 目击采访　　C. 电话式采访　　D. 体验式采访

73. 无论是与熟悉的还是陌生的采访对象联系，都要明确自己的采访（　　）。

A. 方式　　B. 内容　　C. 目的　　D. 结构

74. 关于电子邮件采访的适用场合的选择，不包括（　　）。

A. 从采访目的来看　　B. 从采访距离来看

C. 从记者所在媒介来看　　D. 从被采访者的角度来看

75. （　　）也是聊天室或 BBS 采访提问的技巧之一。

A. 反问　　B. 追问　　C. 强调　　D. 反复提问

76.（　　），要求记者以当事人的身份，直接参与某种活动，记者具有采访者和当事人的双重身份。

A. 体验式采访　　B. 邮件采访　　C. 面对面采访　　D. BBS 采访

77. 消息的主要特点不包括（　　）。

A. 简要、概括地反映新闻事实

B. 注重用事实说话

C. 一般采用“倒金字塔式”的结构方式

D. 适用范围不广，但发稿速度快

78. 新闻评论具有较强的政治性，尤其表现为（　　）。

A. 社论　　B. 短评　　C. 专栏评论　　D. 评论员文章

79. 关于新闻体裁和新闻写作，说法不正确的是（　　）。

A. 常见的新闻体裁包括消息、通讯、特写、报告文学等

B. 新闻述评是一种特殊的消息

C. 消息写作通常采取“倒金字塔式”的结构

D. 新闻特写注重新闻事件中富有特征的片断，消息注重新闻事件的全过程或全貌

80. 消息导语写作的一个基本要求是（　　）。

A. 制造悬念　　B. “高潮”置后

C. 将最重要的信息开门见山地推出　　D. 交代背景

81. 消息主体常见的结构形式有（　　）。

A. 按时间顺序组织材料　　B. 按空间顺序组织材料

C. 按素材类型组织材料　　D. 按结构顺序组织材料

82. 在稿件修改中应以（　　）的基本规律为指导。

A. 新闻写作　　B. 消息体裁　　C. 新闻采访　　D. 通讯体裁

83. 数字化的时代，人们已经可以使用（　　）照片了。

A. 270°　　B. 360°　　C. 180°　　D. 150°

84. 动画、三维动画是对（　　）图片的发展。

A. 动态　　B. 静态　　C. 立体　　D. 平面

85. 对视频的特点及作用描述错误的是（　　）。

A. 具有再现性
B. 具有声像并存的形式
C. 显示空间无限制性
D. 影像符号的不确定性

86. （　　）可拉近被摄人物与观众之间的距离，容易产生交流感。

A. 近景　B. 远景　C. 前景　D. 后景

87. 一般而言，适合于表达人物内心情感的景别是（　　）。

A. 全景　B. 中景　C. 特写　D. 近景

88. （　　）在风光摄影中表现和平与宁静。

A. 横画面　B. 竖画面　C. 斜画面　D. 反画面

89. （　　）是指摄像机的位置不变，只做角度的变化。

A. 推　B. 拉　C. 摇　D. 移

90. 下列选项中，不属于镜头组接蒙太奇的主要作用的是（　　）。

A. 柔情式蒙太奇
B. 错觉式蒙太奇
C. 对比式蒙太奇
D. 开放式蒙太奇

91. 下列选项中，不属于音视频节目中声音采集与制作的质量要求的是（　　）。

A. 声画对位、衔接自然
B. 恰当进行混合处理
C. 具有真实感
D. 完全避免噪声

92. 下列对受众调查的陈述中不准确的是（　　）。

A. 受众调查是网民了解网站的基本渠道
B. 受众调查为网民提供了表达自己要求的途径
C. 受众调查可以迅速了解网民对重大新闻事件的主要意见和态度
D. 受众调查总是能反映出网民的意见和态度

93. 下列选项中，不属于网民上网行为调查内容的是（　　）。

A. 网民的上网时间
B. 网民的上网地点
C. 网民的上网费用
D. 网民的网上评论

94. 下列选项中，不属于社会调查所采用的问卷发放方式的是（　　）。

A. 媒体问卷　B. 邮政问卷　C. 送发问卷　D. 电子邮件问卷

95. 完整问卷调查的优点不包括（ ）。

A. 了解参与者背景　　B. 有助于得到更可靠的结果

C. 有助于对所获信息的进一步分析　　D. 有助于吸引更多网民参与

96. 调查分析报告通常不包括（ ）。

A. 调查方法简介　　B. 调查数据的分类统计

C. 调查数据分析　　D. 调查题目分析

97. 从技术上看，网络论坛通常就是指网络中的（ ）和 BBS。

A. 聊天室　　B. 写字板　　C. 留言板　　D. 站内信

98. 在论坛中对于用户身份和参与资格方面的管理属于（ ）。

A. 互动内容管理　　B. 资格认证

C. 用户管理　　D. 授权管理

99. 促进论坛的发展，除了（ ）外，还应采取一些灵活的方式。

A. 促进论坛的开放性　　B. 制定明确的管理规则

C. 体现人情味　　D. 采取激励机制

100. 下列的做法中，不利于论题讨论的是（ ）。

A. 提供明确具体的论题

B. 提供已经有明确结论的话题

C. 提供有较强的现实意义的论题

D. 提供的论题可以吸引各个层次的网民

101. 实际上，（ ）才是论坛的主角，没有他们，论坛就失去了意义。

A. 版主　　B. 论坛管理员　　C. 论坛成员　　D. 网民

102. “张弛有道、松紧适度、审时度势、灵活把握、制度化与人性化管理相结合”是博客、播客管理的一般原则。具体执行中，这一原则不能在（ ）中具体体现出来。

A. 网站博客（播客）管理规则　　B. 对上帖内容的限制性要求

C. 网站技术平台的性能　　D. 对博客（播客）作者的激励机制

103. 网站对于博客、播客的作者，一般不通过（ ）手段进行管理。

A. 明示管理规则　　B. 建立激励机制

C. 积极提供服务　　D. 要求详细提供身份信息

104. 网络编辑的一项主要任务是（　　）与他人的合作。

A. 文字编辑　　B. 邮件发送

C. 通过文件的传送　　D. 信息发布

105. 在鉴定专用的信息发布系统中，能够完成网站各种参数配置、系统用户管理等任务的是（　　）。

A. 签发编辑　　B. 记者　　C. 系统管理员　　D. 栏目编辑

106. 如果希望网页中图片的某一部分变成透明，应该使用（　　）格式图片。

A. BMP　　B. JPG　　C. GIF　　D. TIF

107. 一种运行效率比 CGI 更高，程序编制也比 HTML 更方便且更有灵活性，程序安全及保密性比 Script 好的动态网页技术是（　　）。

A. ASP　　B. JavaScript　　C. Java Applet　　D. Flash

108. 下面选项中，（　　）是 Photoshop 专用的文件格式。

A. ai　　B. psd　　C. ppt　　D. jpg

109. 扫描出来的图片有多余的瑕疵，或者用数码相机照出来的照片有多余想要去掉的部分，应该采用（　　）的办法。

A. 裁剪　　B. 拼合　　C. 删除　　D. 反插

110. 在 Photoshop 中，Action 不可以（　　）。

A. 批处理　　B. 任务自动化　　C. 复制　　D. 简化操作

111. 在 Photoshop 常用工具中，（　　）键可以隐藏工具箱和浮动面板。

A. Tab　　B. Shift　　C. Alt　　D. 空格

112. （　　）是制作互联网上的动画影像的软件。

A. Photoshop　　B. PPT　　C. Flash　　D. Word

113. 在 Flash 中，（　　）是位映射图像的简称。

A. 位图　　B. 层　　C. 时间线面板　　D. 符号

114. 在 Flash 中，（　　）是用来定义动画中的变化的。

A. 空帧　　B. 关键帧　　C. 普通帧　　D. 过渡帧

115. 运动渐变动画的变形对象包括（　　）。

A. 其他位图对象　　B. 矢量图

C. 其他嵌入对象　　D. 其他图层

116. 在 Flash 中，“工具”区域不包含（　　）工具。

A. 绘图　　B. 上色　　C. 单元格　　D. 选择

117. Flash 常用快捷键中，F5 表示（　　）。

A. 导入　　B. 插入帧　　C. 插入关键帧　　D. 插入空白帧

118. Dreamweaver 的“File”菜单命令中，“Save All”表示（　　）。

A. 保存框架文件　　B. 将框架文件另存

C. 保存当前窗口的所有文档　　D. 将当前文档恢复到上次保存时的状态

119. WWW 的优点不包括（　　）。

A. 多媒体方式　　B. 超链接

C. 用户界面友好　　D. 用户界面简单

120. 要将用户区的内容用定义或名词解释的方式显示出来，可以通过（　　）完成。

A. ＜dl＞＜dt＞＜dd＞　　B. ＜ol＞＜li＞

C. ＜ul＞＜li＞　　D. ＜li＞

得分	
评分人	

三、多项选择题（第 1 题～第 20 题。选择一个或多个正确的答案，将相应的字母填入题内的括号中。每题 1 分，满分 20 分）

1. 网络编辑员职业道德的评价方式，包括下列选项中的（　　）。

A. 社会舆论　　B. 法律法规

C. 内心信念　　D. 传统习惯

E. 个人素质

2. 下列选项中的内容，（　　）属于网络传播失实的具体形式。

A. 凭空捏造，无中生有，发布没有发生过的人或事

B. 照抄照写，以讹传讹，任意传播未经分析校对的信息

C. 合理想象，夸大渲染，基本事实是真的，细节描写是假的

D. 为扩大影响，招徕读者，未经他人同意便在网络上宣扬他人隐私

E. 偏听偏信，主观判断，为追求轰动效应而歪曲事实

3. 关于舆情信息工作的方针原则，下列选项中正确的包括（　　）等。

A. 以邓小平理论和“三个代表”重要思想为指导

B. 全面贯彻和落实科学发展观，立足构建社会主义和谐社会

C. 坚持解放思想、实事求是、与时俱进

D. 坚持贴近实际、贴近生活、贴近群众

E. 更好地为大局服务、为决策服务

4. 资源管理主要包括（　　）。

A. 任务管理　　B. 界面管理

C. 人机交互　　D. 图形界面

E. 语音控制

5. 下列关于标点符号的描述正确的是（　　）。

A. 句号用在陈述句末尾的停顿，语气舒缓的祈使句末尾

B. 按国标规定，句号有两种形式，一种是“。”，一种是“.”

C. 句号有两种形式，可以通用

D. 句子的结尾一定是句号

E. 并非所有出现疑问意思的时候都需要用问号

6. 劳动者与用人单位发生劳动争议时，可以通过（　　）处理。

A. 公安局　　B. 检察院

C. 法院　　D. 劳动争议仲裁委员会

E. 军事法庭

7. 网络稿件的来源包括（　　）等几个方面。

A. 本网站原创稿件　　B. 转载国内传统媒体稿件

C. 转载国内其他网站稿件　　D. 网民自发来稿

E. 转载BBS的稿件

8. 一些网站为了体现信息发布的时效性，会为时效性很强的内容设置专门的栏目，如（　　）等。

A. “国际新闻”　　B. “娱乐新闻”

C. “最新新闻”　　D. “滚动新闻”

E. “时事新闻”

9. 对聊天信息进行较为深度的加工方式的基本思路是（　　）。

A. 原始素材是基础　　B. 尊重原始素材，尽量不做改动

C. 对文字进行编辑，对内容进行审核　　D. 突出重点，加强条理

E. 选准论题是关键

10. 可以使用（　　）来修改观点性错误。

A. 替代法　　B. 分析法

C. 调查法　　D. 说明法

E. 删除法

11. 关于加入关键词与背景链接时量与度的把握，下列说法中不正确的是（　　）。

A. 越多越好　　B. 越少越好

C. 根据编辑个人喜好把握　　D. 根据读者情况和报道需要等因素把握

E. 根据网站的需要把握

12. 进行新闻角度选择时，可以使用的思路包括（　　）。

A. 突出重点　　B. 旧中觅新

C. 由近及远　　D. 以小见大

E. 虚中觅实

13. 电子邮件采访的适用场合的选择，包括（　　）。

A. 从采访目的来看　　B. 从采访距离来看

C. 从记者所在媒介来看　　D. 从被采访者的角度来看

E. 从报道的价值来看

14. 网络新闻的写作原则包括（　　）。

A. 文章宜短　　B. 文字应该朴实

C. 句子宜短　　D. 段落宜短

E. 讲究内容的可扫描性

15. 声音对于视频的补充作用主要体现为（　　）。

A. 简洁地提供新闻信息　　B. 对影像信息进行补充

C. 传达影像无法表现的主观信息　　D. 引导受众正确理解影像信息的含义

E. 为视频提供服务

16. 音频节目中声音采集与制作的质量要求有（　　）。

A. 有效控制噪声　　B. 具有真实性

C. 声音保真度高　　D. 声画对位

E. 节奏感明显

17. 受众调查结果分析后，可以将科学的、有效的调查结果用不同的方式加以利用，常见的利用方式包括（　　）等。

A. 新闻报道　　B. 创作题材

C. 作为网站战略调整的依据　　D. 形成调查分析报告

E. 作为决策参考

18. 下列选项中，说法正确的包括（　　）。

A. 博客可以传播文字信息　　B. 播客可以传递音频信息

C. 播客可以传递视频信息　　D. 博客和播客都需要借助第三方程序

E. 博客可以传播图片信息

19. 关于ASP，描述正确的是（　　）。

A. ASP是一种脚本语言　　B. 可以和HTML相互嵌套

C. 可以与VBScript相互嵌套　　D. 可以与JavaScript相互嵌套

E. 内置ADO组件

20. 关于Flash，描述正确的是（　　）。

A. Flash不能制作图片　　B. Flash动画文件容量很小

C. Flash可以制作游戏　　D. Flash是一种交互动画设计软件

E. Flash是一个网页矢量动画设计软件

网络编辑员（三级）理论知识试卷答案

一、判断题（第 1 题～第 40 题。将判断结果填入括号中。正确的填"√"，错误的填"×"。每题 0.5 分，满分 20 分）

1. √	2. ×	3. ×	4. √	5. ×	6. ×	7. ×	8. ×	9. √
10. √	11. ×	12. √	13. ×	14. ×	15. ×	16. ×	17. √	18. √
19. ×	20. ×	21. ×	22. ×	23. √	24. ×	25 ×	26. ×	27. ×
28. √	29. √	30. ×	31. ×	32. √	33. √	34. ×	35. √	36. ×
37. ×	38. √	39. ×	40. √					

二、单项选择题（第 1 题～第 120 题。选择一个正确的答案，将相应的字母填入题内的括号中。每题 0.5 分，满分 60 分）

1. A	2. B	3. C	4. D	5. D	6. B	7. D	8. D	9. D
10. D	11. B	12. B	13. D	14. D	15. B	16. A	17. C	18. D
19. D	20. B	21. D	22. D	23. B	24. D	25. A	26. C	27. B
28. C	29. B	30. C	31. A	32. A	33. B	34. A	35. D	36. A
37. C	38. C	39. A	40. A	41. C	42. A	43. B	44. D	45. A
46. D	47. B	48. D	49. D	50. A	51. B	52. A	53. D	54. C
55. B	56. A	57. B	58. A	59. B	60. A	61. C	62. D	63. D
64. C	65. A	66. B	67. B	68. C	69. A	70. D	71. D	72. B
73. C	74. D	75. D	76. A	77. D	78. A	79. A	80. C	81. A
82. A	83. B	84. B	85. C	86. A	87. A	88. A	89. C	90. D
91. D	92. D	93. D	94. D	95. D	96. D	97. C	98. C	99. B
100. B	101. C	102. C	103. D	104. C	105. C	106. C	107. A	108. B
109. A	110. C	111. A	112. C	113. A	114. B	115. C	116. C	117. B
118. C	119. D	120. A						

三、多项选择题（第 1 题～第 20 题。选择一个或多个正确的答案，将相应的字母填入题内的括号中。每题 1 分，满分 20 分）

1. ACD　2. ABCE　3. ABCDE　4. ABCDE　5. ABE　6. CD　7. ABCDE　8. CD　9. AE　10. AE　11. ABCE　12. ABCDE　13. ABC　14. ABCDE　15. ABCD　16. ABCD　17. ACDE　18. ABCDE　19. BCDE　20. BCDE

第 6 部分

操作技能考核模拟试卷

注　意　事　项

1. 考生根据操作技能考核通知单中所列的试题做好考核准备。

2. 请考生仔细阅读试题单中具体考核内容和要求，并按要求完成操作或进行笔答或口答，若有笔答请考生在答题卷上完成。

3. 操作技能考核时要遵守考场纪律，服从考场管理人员指挥，以保证考核安全顺利进行。

注：操作技能鉴定试题评分表及答案是考评员对考生考核过程及考核结果的评分记录表，也是评分依据。

国家职业资格鉴定

网络编辑员（三级）操作技能考核通知单

姓名：

准考证号：

考核日期：

试题 1

试题代码：1.1.1。

试题名称：信息筛选。

考核时间：15 min。

配分：10 分。

试题 2

试题代码：1.2.1。

试题名称：内容加工。

考核时间：30 min。

配分：25 分。

试题 3

试题代码：1.3.1。

试题名称：内容原创。

考核时间：20 min。

配分：15 分。

试题 4

试题代码：2.1.1。

试题名称：受众调查。

考核时间：5 min。

配分：5 分。

试题 5

试题代码：2.2.1。

试题名称：论坛管理。

考核时间：20 min。

配分：10 分。

试题 6

试题代码：3.1.2。

试题名称：网页制作。

考核时间：30 min。

配分：35 分。

网络编辑员（三级）操作技能鉴定

试　题　单

试题代码：1.1.1。

试题名称：信息筛选。

规定用时：15 min。

1. 操作条件

（1）服务器和考试机预装网络信息发布系统，并根据要求预先设置一级栏目、二级栏目和已发布文章。

（2）在考试机中预设素材文件夹“素材库”①，文件夹内包含现场考试素材。

2. 操作内容

（1）登录网络信息发布系统。

（2）依据栏目名称，选择合适稿件，正确发布至指定栏目。

（3）将指定稿件发布至指定栏目，结合给定素材选择正确的关键字，依据选择的关键字，挑选合适的素材作为指定稿件的相关链接。

（具体操作内容详见素材）

3. 操作要求

（1）根据指定栏目标题，从“素材库”文件夹的指定一组稿件中选 1 篇合适的稿件发布至指定栏目。

（2）在“素材库”中找出指定的一份稿件，发布到指定栏目下，并根据“素材库”文件夹中一组指定素材的内容，在已给出的关键字选项中，按要求选择正确的关键字，输入关键字框，并操作系统从关键字匹配结果素材中选出合适的素材，作为新发布的指定稿件的相关链接。

（具体操作要求见素材）

---

① 操作技能考核模拟试卷中的素材库文件请到 http://www.class.com.cn/datas/wlbjy3sc.rar 下载。

网络编辑员（三级）操作技能鉴定

素　材

1. 素材内容

（1）服务器和考试机预装网络信息发布系统，并设置一级栏目三个，分别为：今日聚焦（下设两个二级栏目：娱乐、体育）；事件进展（下设两个二级栏目：新闻追踪、图片新闻）；热点专题（下设三个二级栏目：最新消息、图文报道、热门评论）。

（2）在考试机中预设素材文件夹“素材库”，文件夹内包含 Word 文件 1.1.1.1.doc～1.1.1.13.doc。

（3）“今日聚焦”的“娱乐”栏目包含文章 1.1.1.1.doc，1.1.1.2.doc，1.1.1.3.doc，1.1.1.4.doc，1.1.1.5.doc，1.1.1.6.doc。

（4）“事件进展”的“新闻追踪”栏目包含文章 1.1.1.7.doc，1.1.1.8.doc，1.1.1.9.doc。

2. 具体要求

（1）从“素材库”文件夹的素材 1.1.1.10.doc，1.1.1.11.doc，1.1.1.12.doc 中选 1 篇合适的素材发布至栏目“热门评论”。

（2）将“素材库”文件夹中稿件素材 1.1.1.13.doc 发布至栏目“最新消息”，要求在发布时结合已发布在系统中的“1.1.1.1.doc，1.1.1.2.doc，1.1.1.3.doc，1.1.1.4.doc，1.1.1.5.doc，1.1.1.6.doc，1.1.1.7.doc，1.1.1.8.doc，1.1.1.9.doc”的内容，从“帕瓦罗蒂”“男高音”“遗产”“去世”“葬礼”中选择两个正确的关键字输入关键字框，并从关键字匹配结果中挑选合适的素材作为当前稿件的相关链接。

网络编辑员（三级）操作技能鉴定

试题评分表及答案

考生姓名：　　　　　　　　　　准考证号：

试题评分表

试题编号及名称		1.1.1　信息筛选			鉴定时限	15 min
编号	评分要素	配分	分值	评分标准		实际得分
1	素材选择正确，栏目发布正确，发布成功	3	3	素材选择正确，发布栏目正确，发布成功，得 3 分 任何环节错误，得 0 分		
2	栏目发布正确，发布成功	1	1	指定稿件正确发布到指定栏目，发布成功，得 1 分 任何环节错误，得 0 分		
	关键字选择正确	3	3	关键字选择正确，素材搜索操作正确，得 3 分 任何环节错误，得 0 分		
3	选择链接内容合适，设置相关链接正确	3	3	选择链接内容与新发布文章内容匹配合适，数量 3 篇，以建立相关链接成功为准，全部正确，得 3 分 每正确完成 1 个，得 1 分		
合计配分		10	合计得分			

考评员（签名）：

网络编辑员（三级）操作技能鉴定

试 题 单

试题代码：1.2.1。

试题名称：内容加工。

规定用时：30 min。

1. 操作条件

（1）服务器和考试机预装网络信息发布系统，并根据要求预先设置一级栏目、二级栏目和已发布文章。

（2）在考试机中预设素材文件夹“素材库”，文件夹内包含现场考试素材。

2. 操作内容

（1）对指定素材文件挑出错误并改动。

（2）对指定素材提炼内容摘要，并将内容摘要发布至指定栏目。

（3）将指定素材发布到指定栏目下，并将给定素材以超链接方式嵌入合适位置，标明超链接位置。

3. 操作要求

（1）考生在指定位置建立“考生文件夹”。（文件夹命名：“网络编辑员 3 级 _ 准考证号 _ 姓名”）

（2）将答题所需文件从“素材库”文件夹拷贝至考生文件夹中。

（3）仔细检查“素材库”文件夹内指定素材稿件，请挑出其中 5 处错别字或语病，改错并将改动之处用红色标出，以指定文件名保存至“考生文件夹”。

（4）认真阅读给定素材文件，按后附的框架，在给定的选项中选出合适内容选项，将序号填写入“（　　）”内，组成内容摘要，将其发布至指定栏目中。

（5）将“素材库”文件夹内指定文件发布至指定栏目，并将已发布在栏目内的文章以超链接的方式嵌入新发布稿件的合适位置，标明超链接位置。

网络编辑员（三级）操作技能鉴定

素　材

1. 素材内容

（1）服务器和考试机预装网络信息发布系统，并设置一级栏目三个，分别为：今日聚焦（下设两个二级栏目：娱乐、体育）；事件进展（下设两个二级栏目：新闻追踪、图片新闻）；热点专题（下设三个二级栏目：最新消息、图文报道、热门评论）。

（2）在考试机中预设素材文件夹“素材库”，文件夹内包含 Word 文件 1.2.1.1.doc～1.2.1.7.doc。

（3）“今日聚焦”的“娱乐”栏目包含文章 1.2.1.2.doc，1.2.1.3.doc，1.2.1.4.doc。

（4）“事件发展”的“新闻追踪”栏目包含文章 1.2.1.5.doc。

2. 具体要求

（1）考生在指定位置建立“考生文件夹”。（文件夹命名：“网络编辑员 3 级 _ 准考证号 _ 姓名”）

（2）将答题所需文件从“素材库”文件夹拷贝至考生文件夹中。

（3）仔细检查“素材库”文件夹内文件 1.2.1.6.doc，请挑出其中 5 处错别字或语病，改错并将改动之处用红色标出，以 1.2.1.6 _ 1.doc 为文件名保存至“考生文件夹”。

（4）认真阅读“素材库”文件夹内文件 1.2.1.7.doc，按后附的框架，在给定的选项中选出合适内容选项，将序号填写入“(　　)”内，组成内容摘要，将其发布至“今日聚焦”的“娱乐”栏目中。

（5）将“素材库”文件夹内文件 1.2.1.1.doc 发布至“最新消息”，并将已发布在栏目内的 1.2.1.2.doc，1.2.1.3.doc，1.2.1.4.doc，1.2.1.5.doc 共 4 篇文章以超链接的方式嵌入稿件的合适位置，标明超链接位置。

网络编辑员（三级）操作技能鉴定

试题评分表及答案

考生姓名：　　　　　　　　　　准考证号：

试题评分表

试题编号及名称		1.2.1　内容加工		鉴定时限	30 min
编号	评分要素	配分	分值	评分标准	实际得分
1	挑选出错别字和语法错误并改正	5	5	每正确挑选1处并正确改正，得1分	
2	用给定词句内容，选择、排列，组成内容摘要，栏目发布操作正确	15	15	全部选择、排列正确，发布栏目正确，操作成功，得15分 错1处及以上，每正确1处得1分	
3	选择指定稿件正确，发布栏目正确，操作成功	1	1	选择指定稿件正确，发布到指定栏目正确，操作成功，得1分	
4	链接设置正确	4	4	链接设置全部正确，得4分 链接错误1处及以上，每正确1处得1分	
合计配分		25		合计得分	

考评员（签名）：

参考答案：

评分要素1：

标准答案（括号内为改正内容）：

9月14日下午，中国足协召开新闻发布会，正式宣布福拉多担任新一届中国国家队执行主教练，合同为期整一年（约一年），从2007年9月14日到2008年9月30日，而杜伊将出任国足、国奥两队的总教练。福拉多是中国国家队历史上第5任外籍主教练。

福拉多发表了上任宣言：首先非常感谢中国足协给予我的信任，应该说担任中国国家队主教练一职对我的执教生涯是个很大的挑战。因为对于任何一个教练来说，担任一支国家队的主教练都是极大的容（荣）誉。我想我会认真对代（待）这份工作，尽最大努力去完成目标。我也想借此机会感谢我的好朋友杜伊科维奇先生，他非常信任我。我想我们俩会共同努力，去完成奥运会和世界杯的任务。我知道10月份的咨（资）格赛对国家队非常重要，虽然时间有点紧张，但是我们会挑选出最好的队员来参加。接下来我马上就要开始紧张的工作，组建一支强大的球队，我认为通过中方教练组的胁（协）助以及杜伊先生给我建议，我一定会完成这项任务的。

评分要素2：

标准答案：

（　　）出台措施规范（　　）细节，自（　　）实行。此后（　　）不得在（　　）播出，不能使用（　　）投票方式，对于（　　）和（　　）以及（　　）的行为也有诸多细节规定。处罚严厉，（　　）即停播。

选项：

1、省级副省级电视台上星频道 2、评委 3、19：30至22：30时段 4、上星频道黄金时段 5、现场 6、选秀活动 7、对《第一次心动》发出红牌后 8、选手 9、广电总局 10、主持人 11、三次批评 12、整改不力 13、内容比例不当 14、10月1日起 15、短信、网络等场外

正确答案和顺序：

9、6、14、6、4、15、2、8、10、11（其中2、8、10顺序可互换）。

网络编辑员（三级）操作技能鉴定

试 题 单

试题代码：1.3.1。

试题名称：内容原创。

规定用时：20 min。

1. 操作条件

（1）服务器和考试机预装网络信息发布系统，并根据要求预先设置一级栏目、二级栏目和已发布文章。

（2）在考试机中预设素材文件夹“素材库”，文件夹内包含现场考试素材。

2. 操作内容

依据给定素材，组合一篇评论，选择合适标题，发布至指定栏目，将给定图片插入评论中并在首页显示。

3. 操作要求

（1）阅读理解“素材库”文件夹内指定的一组素材，根据“素材库”文件夹内指定文件给定的标题选项和内容选项，使用网络信息发布系统中的稿件编辑器，组合完成一篇评论文章发布到指定栏目，文章要求 200 字左右。

（2）将“素材库”文件夹内包含的指定图片文件，加入到完成的评论稿件，并在首页显示该图片。

网络编辑员（三级）操作技能鉴定

素　材

1. 素材内容

（1）服务器和考试机预装网络信息发布系统，并设置一级栏目三个，分别为：今日聚焦（下设两个二级栏目：娱乐、体育）；事件进展（下设两个二级栏目：新闻追踪、图片新闻）；热点专题（下设三个二级栏目：最新消息、图文报道、热门评论）。

（2）在考试机中预设素材文件夹“素材库”，文件夹内包含 Word 文件 1.3.1.1.doc，1.3.1.2.doc，1.3.1.3.doc，1.3.1.4.doc，1.3.1.5.doc 和图片文件 1.3.1.1.jpg。

2. 具体要求

阅读理解“素材库”文件夹内 1.3.1.1.doc，1.3.1.2.doc，1.3.1.3.doc，1.3.1.4.doc 四篇文章，根据“素材库”文件夹内 1.3.1.5.doc 给定的标题选项和内容选项，使用网络信息发布系统中的稿件编辑器，组合完成一篇评论文章发布到“热点专题”栏目，文章要求 200 字左右。同时，在该稿件内加入一张图片（“素材库”文件夹内包含的图片文件 1.3.1.1.jpg），并在首页显示该图片。

网络编辑员（三级）操作技能鉴定

试题评分表及答案

考生姓名：　　　　　　　　　　准考证号：

试题评分表

试题编号及名称		1.3.1　内容原创			鉴定时限	30 min
编号	评分要素	配分	分值	评分标准		实际得分
1	选择标题	2	2	标题选项选择正确，得 2 分 选择错误，得 0 分		
	组合文章	10	10	内容选择、排列全部正确，得 10 分 每错 1 处扣 2 分，错 5 处及以上，得 0 分		
	插入图片	1	1	完成图片插入，得 1 分 未完成，得 0 分		
	首页显示图片	1	1	图片在首页显示成功，得 1 分 显示不成功，得 0 分		
	栏目发布正确	1	1	正确发布到指定栏目，操作成功，得 1 分 栏目发布错误或未发布，得 0 分		
合计配分		15	合计得分			

考评员（签名）：

参考答案：

撰写评论

标题：遗产和亲情——永远的帕瓦罗蒂

正文：9 月 6 日，世界三大男高音之一帕瓦罗蒂，在意大利摩德纳的家中去世，终年 71 岁。

在 40 多年演唱生涯中，帕瓦罗蒂的足迹遍及世界知名音乐殿堂。

他演唱的咏叹调《今夜无人入睡》，以无人可及的高音和精彩演绎，成为家喻户晓的名曲。

他留下的精彩声音，通过各种媒介成为全人类的音乐遗产。

他身后的亿万家产却成为亲人间矛盾的因由。

葬礼上的不谐镜头，亲友们和媒体发出的不谐声音，带给全世界热爱他的歌声的人们难以言说的不快和无奈。

网络编辑员（三级）操作技能鉴定

试 题 单

试题代码：2.1.1。

试题名称：受众调查。

规定用时：5 min。

1. 操作条件

服务器和考试机预装网络信息发布系统。

2. 操作内容

调查标题正确发布，选择合适的选项发布。

3. 操作要求

请在网络信息发布系统“受众调查”中设置一个调查：题目是指定题目，并在给出的投票选项中，选出 3 项合适的选项，作为本项调查问卷的问题选项，并将所选的选项序号及内容一起填入系统所给的选项框中。

（指定题目和给出选项见指定素材文件）

网络编辑员（三级）操作技能鉴定

素　材

1. 素材内容

调查题目：“您认为国家是否应该给电视台选秀节目设定限制条件?”

投票选项素材：“A. 就是眼红选秀；B. 应该；C. 不能；D. 不应该；E. 说不清楚；F. 选秀太低俗；G. 各地方台就是为赚钱”。

2. 具体要求

请在网络信息发布系统“受众调查”中设置一个调查：题目是“您认为国家是否应该给电视台选秀节目设定限制条件?”现有 7 个投票选项，为“A. 就是眼红选秀；B. 应该；C. 不能；D. 不应该；E. 说不清楚；F. 选秀太低俗；G. 各地方台就是为赚钱”，请从这 7 项中选出合适的 3 项作为调查问卷的正确选项，并将所选的选项序号及内容一起填入系统所给的选项框中。

网络编辑员（三级）操作技能鉴定

试题评分表及答案

考生姓名：　　　　　　　　　　　准考证号：

试题评分表

试题编号及名称		2.1.1 受众调查			鉴定时限	5 min
编号	评分要素	配分	分值	评分标准		实际得分
1	标题发布正确	2	2	标题设置正确，发布操作正确，得 2 分		
2	选项发布正确	3	3	选择选项，每正确 1 项得 1 分		
合计配分		5	合计得分			

考评员（签名）：

参考答案：

评分要素 1

正确选项：B，D，E

网络编辑员（三级）操作技能鉴定

试　题　单

试题代码：2.2.1。

试题名称：论坛管理。

规定用时：20 min。

1. 操作条件

（1）服务器和考试机预装网络信息发布系统。

（2）预设模拟论坛模块，按要求在论坛下预设栏目及栏目下文章。

（3）按素材要求在论坛预设非管理员用户（密码无需给出）。

（4）在考试机中预设素材文件夹“素材库”，文件夹内按要求预设素材文件。

2. 操作内容

（1）将给出的素材发布到指定论坛栏目中。

（2）在指定栏目下找出与主题不符的帖子，并正确转移。

（3）在指定栏目下寻找不适合发表的帖子，并删除。

（4）正确修改论坛用户名权限。

3. 操作要求

（1）请考生以管理员身份（已存在，不需注册）登录论坛。管理员用户名为 admin，密码为 admin。

（2）将“素材库”文件夹内指定文件内容发至论坛指定栏目中。

（3）在论坛指定栏目下现有帖子中，寻找与其所在主题不符的帖子，并转移至与主题符合的栏目下。

（4）在论坛指定栏目下找出不适合发表的帖子并删除。

（5）将论坛指定用户名提升权限为指定栏目版主，且其他用户名权限不变。

网络编辑员（三级）操作技能鉴定

素　材

1. 素材内容

（1）服务器和考试机预装网络信息发布系统。

（2）论坛现有“健康”“体育”和“女性”三个栏目。

（3）论坛现有非管理员用户名：天使不流泪、淡淡白云、小荷、茹河游子、孤狼、向日葵、江北书生、镜中安娜（密码无需给出）。

（4）在考试机中预设素材文件夹“素材库”，文件夹内包含 Word 文件 2.2.1.1.doc～2.2.1.11.doc。

（5）栏目“健康”下预设文章：2.2.1.1.doc，2.2.1.2.doc，2.2.1.3.doc，2.2.1.4.doc。

（6）栏目“体育”下预设文章：2.2.1.5.doc，2.2.1.6.doc，2.2.1.7.doc。

（7）栏目“女性”下预设文章：2.2.1.9.doc，2.2.1.10.doc，2.2.1.11.doc。

2. 具体要求

（1）在做下列考题前，请考生以管理员身份（已存在，不需注册）登录论坛，管理员用户名为 admin，密码为 admin。

（2）将“素材库”文件夹内文件 2.2.1.8.doc 的内容发至论坛“健康”栏目中。

（3）请在现有论坛“健康”和“体育”栏目下帖子中，找出与其所在栏目主题不符的帖子，并转移至符合的栏目主题下。

（4）现论坛“女性”栏目下有一篇不合适的帖子，请删除。

（5）现论坛有用户名“向日葵”，提升其权限为“健康”栏目版主，且其他用户名权限不变。

网络编辑员（三级）操作技能鉴定

试题评分表及答案

考生姓名：　　　　　　　　　　准考证号：

试题评分表

试题编号及名称		2.2.1　论坛管理		鉴定时限	20 min
编号	评分要素	配分	分值	评分标准	实际得分
1	素材发布至正确栏目	2	2	将给定素材发布到指定论坛栏目下，操作成功，得 2 分 错误或不成功，得 0 分	
2	正确选择帖子并转移	3	3	选择正确，并转移操作成功，得 3 分 任何环节错误，得 0 分	
3	正确删除帖子	2	2	选择帖子正确，并删除操作成功，得 2 分 任何环节错误，得 0 分	
4	修改论坛用户名权限	3	2	按要求修改指定用户名权限操作成功，得 2 分 任何环节错误，得 0 分	
			1	其他用户名权限没有变化，得 1 分 任何环节错误，得 0 分	
合计配分		10		合计得分	

考评员（签名）：

网络编辑员（三级）操作技能鉴定

试 题 单

试题代码：3.1.2。

试题名称：网页制作。

规定用时：30 min。

1. 操作条件

考试机安装 Office 2003（或以上版本）、Dreamweaver（MX 2004 或以上版本）、Photoshop 7.0（或以上版本）软件，在考试机中预设素材文件夹“素材库”，文件夹内按要求预设素材文件。

2. 操作内容

（1）按要求处理给定的图片。

（2）在指定位置建立 Index. htm 页面；网页的标题设置为指定标题。

（3）按要求设置 Web 页面；按要求设置 Web 页面背景色。

（4）按要求对给定 CSS 样式正确修改，并插入指定位置。

（5）在 Web 页面新建表格，按要求设置、修改表格，按要求修改单元格背景。

（6）按要求完成在 Web 页面插入多媒体元素、设置文章标题、插入水平线并设置文本、设置单元格及插入文本、插入图片设置、背景设置和文本插入等项操作。

3. 操作要求

（1）考生在指定位置建立“考生文件夹”。（文件夹命名：“网络编辑员 3 级 _ 准考证号 _ 姓名”）

（2）复制“素材库”文件夹内指定素材到“考生文件夹”。

（3）在“考生文件夹”内新建一个 Web 页面，将其命名为 Index. htm，网页的标题设置为指定标题。

（具体操作要求见素材）

网络编辑员（三级）操作技能鉴定

素　材

1. 素材内容

“素材库”文件夹内包括：Word 文件 3.1.2.1.doc，图片文件 3.1.2.1.jpg，3.1.2.2.jpg。

具体要求

（1）考生在指定位置建立“考生文件夹”。（文件夹命名：“网络编辑员3级_准考证号_姓名”）

（2）复制“素材库”文件夹内 3.1.2.1.jpg，3.1.2.2.jpg 到“考生文件夹”。

（3）将 3.1.2.1.jpg 等比缩小为 300 像素×199 像素，并将修改后的图片以“photo_1.jpg”为名保存在“考生文件夹”，且 3.1.2.1.jpg 文件未被修改。

（4）在“考生文件夹”内新建一个 Web 页面，将其命名为 Index.htm，网页的标题设置为“争议孔子标准像”。

（5）以下为一段 CSS 代码：

```
table {font-family：“楷体_GB2312”;
font-size：12px;
font-style：normal;
line-height：normal;
font-weight：bold;
font-variant：normal;
}
```

修改 CSS 样式表中字体的定义，将其修改为“宋体”。将修改后的样式代码插入到 Index.htm。

（6）将 Index.htm 页面的“上边界”“左边界”“边界宽度”“边界高度”均设为 1。将该页面的背景色设置为淡青色（颜色代码为：#CCFFFF）。

（7）要求保证 Index. htm 在 800 像素×600 像素显示分辨率下的正常浏览，即在 800 像素×600 像素分辨率下浏览器全屏不出现水平滚动条（垂直滚动条的宽度为 20 像素）。

新建一个 3 行 1 列的页面布局表格，使表格适合 800 像素×600 像素分辨率下的浏览器全屏窗口。设置表格大小，使上方、左侧、右侧与全屏状态下的浏览器边框没有间隙。使表格内容与表格边框之间保留 3 个像素的间距。

（8）在表格第 1 行的单元格中用 3. 1. 2. 2. jpg 填充。

将“争议孔子标准像”设置成为页面文章标题，居中对齐，黑体，深蓝色（＃000066），字体大小为 16px。

在表格中间 1 行单元格中设置一次文本缩进，并将 3. 1. 2. 1. doc 的内容插入该单元格中。

将修改后的图片 photo _ 1. jpg 插入页面文章正文部分第 1 行，并将图片设置为“居中”。

在表格下方增加 1 行，并将此行背景色设置为白色（颜色代码为：＃FFFFFF）。并将下文插入到单元格中，并且设置为居中排列：

【评论】【收藏此页】【大 中 小】【打印】【关闭】

网络编辑员（三级）操作技能鉴定

试题评分表及答案

考生姓名：　　　　　　　　准考证号：

试题评分表

试题编号及名称		3.1.2　网页制作		鉴定时限	30 min
编号	评分要素	配分	分值	评分标准	实际得分
1	对给定图片进行正确处理	2	2	按要求完成处理图片，操作成功，得 2 分 处理不符要求或操作未完成，得 0 分 文件另存为 photo _ 1. jpg	
2	在指定位置建立“Index. htm”页面，网页的标题设置为指定标题	2	1	在“网络编辑员 3 级 _ 准考证号 _ 姓名”文件夹下建立名为“Index. htm”的页面	
			1	内含<title>（指定标题）</title>代码	
3	CSS 样式正确修改，插入正确位置	4	2	字体修改符合要求	
			2	修改后的样式表代码放在<head>…</head>之间：<head><style>样式代码</style></head>	
4	正确设置 Web 页面，正确设置 Web 页面背景色	4	2	HTML 代码中 body 项与对应的各项要求符合	
			2	背景色 bgcolor=指定色值	
5	新建表格，正确修改表格，正确修改单元格背景	8	2	正确建立表格	
			2	HTML 标签 TABLE 项与要求各项应符合	
			2	表格修改操作，代码中有明确显示	
			2	单元格背景色修改操作，代码中有明确显示	
6	图片填充正确，素材插入并设置正确，文章标题设置正确，内容背景设置正确	15	2	图片填充背景符合要求并操作成功，代码中包含 background=“指定图片素材”	
			2	单元格设置符合要求，并操作成功	
			2	表格设置符合要求，操作成功	

续表

试题编号及名称		3.1.2 网页制作		鉴定时限	30 min
编号	评分要素	配分	分值	评分标准	实际得分
			4	插入图片、文字或多媒体素材符合要求并操作成功 操作未完成或与要求不符，酌情减分	
			3	标题等文本设置与要求相符，字体设置正确，操作成功 操作未完成或与要求不符，酌情减分	
			2	正确设置背景色	
合计配分		35		合计得分	

考评员（签名）：